독자의 1초를 아껴주는 정성!

세상이 아무리 바쁘게 돌아가더라도
책까지 아무렇게나 빨리 만들 수는 없습니다.
인스턴트 식품 같은 책보다는
오래 익힌 술이나 장맛이 밴 책을 만들고 싶습니다.

땀 흘리며 일하는 당신을 위해
한 권 한 권 마음을 다해 만들겠습니다.
마지막 페이지에서 만날 새로운 당신을 위해
더 나은 길을 준비하겠습니다.

독자의 1초를 아껴주는
정성을 만나보십시오.

미리 책을 읽고 따라해 본 2만 베타테스터 여러분과
무따기 체험단, 길벗스쿨 엄마 기획단,
시나공 평가단, 토익 배틀, 대학생 기자단까지!
믿을 수 있는 책을 함께 만들어주신 독자 여러분께 감사드립니다.

(주)도서출판 길벗   www.gilbut.co.kr
길벗이지톡   www.eztok.co.kr
길벗스쿨   www.gilbutschool.co.kr

그래도 아파트를 사세요

초판 1쇄 발행 · 2021년 2월 10일
초판 2쇄 발행 · 2021년 3월 1일

지은이 · 아이리
발행인 · 이종원
발행처 · (주)도서출판 길벗
출판사 등록일 · 1990년 12월 24일
주소 · 서울시 마포구 월드컵로10길 56
대표 전화 · 02)332-0931 | **팩스** · 02)323-0586
홈페이지 · www.gilbut.co.kr | **이메일** · gilbut@gilbut.co.kr

기획 및 책임 편집 · 이지현(lee@gilbut.co.kr)
영업마케팅 · 최명주, 전예진 | **웹마케팅** · 김진영
제작 · 손일순 | **영업관리** · 김명자 | **독자지원** · 송혜란, 윤정아

교정교열 · 정은아 | **디자인** · 이선미 | **전산편집** · 김정미
CTP 출력 및 인쇄 · 북토리 | **제본** · 신정제본

- 잘못 만든 책은 구입한 서점에서 바꿔 드립니다.
- 이 책은 저작권법에 따라 보호받는 저작물이므로 무단전재와 무단복제를 금합니다.
  이 책의 전부 또는 일부를 이용하려면 반드시 사전에 저작권자와 출판사 이름의 서면 동의를 받아야 합니다.

ⓒ아이리, 2021
ISBN 979-11-6521-451-7 03320
(길벗 도서번호 070446)
정가 16,000원

독자의 1초까지 아껴주는 정성 '길벗 출판 그룹'

길벗 | IT실용서, IT/일반 수험서, IT전문서, 경제실용서, 취미실용서, 건강실용서, 자녀교육서
더퀘스트 | 인문교양서, 비즈니스서
길벗이지톡 | 어학단행본, 어학수험서
길벗스쿨 | 국어학습서, 수학학습서, 유아학습서, 어학학습서, 어린이교양서, 교과서

카카오1분 · https://1boon.kakao.com/gilbut
네이버포스트 · https://post.naver.com/gilbutzigy
유튜브 · https://youtube.com/ilovegilbut
페이스북 · https://facebook.com/gilbutzigy

잠실, 수서, 개포에 아파트를 갖기까지
100번 넘는 답사로 쌓은 부동산 인사이트

그래도 아파트를 사세요

아이리 지음

길벗

젊은 부자가 되어야
경제적 자유를 누릴 수 있다

"관리 안 하시면 이틀에 한 번씩 평생 투석해야 할지 모릅니다."

회사에서 건강검진을 받았다. 정밀검사가 필요하다고 했다. 연차를 내고 대학병원에서 검사를 받았다. 대기실에 있던 환자들 중에서 한눈에 봐도 내가 제일 젊었다. 의사 선생님은 투석과 이식이라는 단어를 사용하면서 무서운 말씀을 하셨다.

남은 인생의 절반을 병원에서 보낼 수는 없었다. 결단이 필요했다. 돈이 필요했다. 다행히 지난 10여 년의 부동산 투자가 내 뒤에 있었다. 결국 조기 은퇴라는 결단을 내릴 수 있었다. 부동산 투자는 나를 지켜주고 있었다. 조금 과장하면 내 목숨을 지켜주었다.

건강한 상태로 경제적 자유를 누릴 시간은 길지 않다. 40세부터 길어야 20년이다. 그래서 난 젊은 부자가 되어야 했다. 월급을 모으고, 투자하고, 부가가치를 만들어낸 지난 경험은 놀라운 결실을 가져다주었다.

이제 부동산 투자의 경험과 과정에서 깨달은 지혜를 솔직하게 공개하고자 한다. 나도 수많은 책으로 투자를 공부했다. 책을 통해 지식과 간접경험을 쌓았고, 실전 투자에 대한 용기를 얻었다. 다른 사람들도 책을 통해 성장하기를 바라는 마음으로 글을 쓰기 시작했다.

분명 누군가는 나보다 더 깊은 통찰력과 지혜가 있을 것이다. 전문가가 보기에는 많이 부족해 보일 것이다. 하지만 나는 강남 한복판에서 성과를 거둔 실전형 투자자이다. 그래서 최대한 솔직하게 쓰려고 노력했다. 실제 매매 거래 내역, 대출 이력, 현재 자산을 모두 공개했다. 향후 자산 운영 계획까지도 시원하게 공개했다.

이 책의 모든 독자가 경제적 자유에 이를 수는 없을 것이다. 하지만 자본주의의 원리를 이해하게 될 것이다. 부동산 투자에 확신을 갖게 될 것이다. 강남 아파트 투자 전략을 배울 수 있을 것이다. 조기 은퇴라는 목표를 그리며 오늘의 야근도 웃으며 버틸 수 있는 힘을 갖게 될 것이다.

이 책이 나와 같은 평범한 직장인들에게 경제적 자유에 대한 기회와 방법을 찾는 데 도움이 된다면 그보다 더한 영광은 없을 것이다.

저자 **아이리**

차 례

가질수록 힘이 되는
강남 아파트

그렇게, 나는 정말로
은퇴를 했다

월급만으로
미래를
바꿀 수는 없다

01

영국에서 공짜로 살면서
깨달은 자본소득 시스템

까맣게 썩은 감자가 들어 있는 가방을 안고 영국 런던 시내 토트넘 코트 로드에 앉아서 미친 사람처럼 울고 있었다.

'아, 이런 게 사기구나. 사기는 이렇게 눈뜨고 당하는구나.'

몇 분 전까지만 해도 내게 '마이 프렌드'라며 친한 척을 하던 러시아 사람 두 명은 순식간에 사라졌다. 최신 노트북을 싸게 준다며 외진 골목길에 주차된 빨간색 닛산 차량으로 같이 가자고 했었는데. 하지만 지금 내 손에는 세인즈버리 슈퍼에서 산 것으로 보이는 감자가 든 검은색 노트북 가방뿐이다.

'이럴 수가, 내가 돈을 잃다니. 100만 원이나 사기를 당하다니.'

2004년 1월, 나는 다니던 대학을 그만두고 캐리어 1개와 이민가방 1개를 끌고 영국 런던으로 왔다. 실험실에 갇혀서 바이러스를 공부하고 싶지 않았다. 영어를 배우고 싶었다. 동시통역사가 되어 국제회의에서 활약하고 싶었다. 영국에 가기만 하면 영어를 자동으로 배우게 될 것 같았다.

'그래, 영국으로 가자. 과외비로 모은 돈 600만 원이 있으니 이걸로 가보자.'

랭귀지스쿨 등록비, 2주간의 홈스테이 비용 그리고 항공권으로 300만 원을 썼다. 남은 300만 원이 전 재산이었다. 이 돈으로 최대한 오래 버텨야 했다. 1파운드에 2,000원이 넘는 환율 때문에 손에 쥔 돈은 더 적게 느껴졌다.

그 돈이 떨어지면 한국에 돌아가야 했기 때문에 전 재산이 바닥나기 전에 방법을 찾아야 했다. 영국에서는 학생비자로 아르바이트가 가능했다. 그 당시 국내 아르바이트 시급은 2,000원이었지만, 런던의 시급은 1만 원이 넘었기 때문에 일만 하면 금방 부자가 될 것 같았다.

하지만 짧은 영어와 소심한 성격 때문에 일자리를 구하는 건 쉽지 않았다. 무작정 카페, 레스토랑에 들어가 일을 할 수 있는지 물어보는 게 힘들었다. 거절당하는 것이 두려웠고, 돈이 절실했던 내 처지를 웃는 얼굴로 광고하는 것 같아서 싫었다. 어쩌다 한국인 직원을 마주치는 건 그야말로 최악이었다.

인기 있는 일자리는 스타벅스였다. 다른 곳에 비해서 시급이 높았고, 깔끔해 보였기 때문이다. 영국 스타벅스 매장에서의 경력이 있으면 한국 스타벅스 본사 직원 채용에 유리하다는 근거 없는 소문도 돌았다. 물론 헛소문이라는 건 오래지 않아 알게 되었다.

일을 구하러 다닌 지 4주째가 되었다. 큰 기대 없이 내셔널갤러리가 있는 트라팔가 스퀘어 서브웨이 샌드위치 매장에 들어갔다. 큰 덩치에 덥수룩한 수염의 폴란드 출신 매니저가 나왔다.

"하이, 두유 해브 어 베이컨시? 캔 아이 워크 히어?"

(Hi, Do you have a vacancy? Can I work here?)

이게 웬일인가. 어제 일본인 아르바이트 한 명이 일본으로 돌아갔다고 한다. 당장 일을 할 수 있으니 2층에 가서 유니폼으로 갈아입고 오라고 한다. 오, 예! 이제는 주머니에서 사라지는 엘리자베스 여왕이 새겨진 동전을 보며 한국으로 돌아갈 날을 세지 않아도 된다!

저녁마다 내 입맛에는 맞지 않는 샌드위치를 만들었다. 폴란드 아르바이트생들이 미뤄놓은 설거지를 해치웠다. 밤 12시가 되면 지하에 모아놓은 대형 쓰레기봉투 수십 개를 끌고 나와서 '시티 오브 웨스트민스터' 스티커를 붙여 도로에 내놨다. 어렵게 모은 돈이었는데… 노트북을 반값에 주겠다는 러시아 사기꾼들의 말 한마디에 홀딱 넘어가서 나는 그렇게 사기를 당했다.

런던까지 와서 뭐하고 있는 건지 몰랐지만, 우선은 열심히 일해서 이곳에서의 시간을 연장시켜야만 했다. 그러고 보면 나는 방값을 내기 위해 일하고 있었다. 당장 다음 달 방값을 내고 터키 슈퍼에서 파는 쌀을 사기 위해 일해야 했다. 1시간 일해서 번 돈으로 런던에서의 시간을 8시간 연장시키고 있을 뿐이었다. 한국보다 시간당 5배나 많은 돈을 벌고 있었는데 난 항상 가난했다.

근로소득으로 돈을 모으는 것에는 분명히 한계가 있다는 생각이 들었다. 돈을 더 많이 벌기 위해서 잠도 자지 않고 24시간 일을 할 수는 없었다. 내 능력을 키워 시간당 수입을 수백만 원으로 늘리면 될 것이다. 하지만 현실적으로 내가 유능한 전문직이 되거나 대기업 CEO가 되거나 혹은 세계적인 스포츠 스타가 될 가능성은 없었다.

한국으로 돌아가도 상황은 크게 달라지지 않을 거라는 불길한 예감은 항상 따라다녔다. 실제로 2005년부터 2019년까지 국내 정규직 월평균 임금 상승률은 3.96%밖에 되지 않았다. 올해 100만 원을 받았다면 내년에 기대할 수 있는 월급은 104만 원인 것이다.

■ 2005~2019년 정규직 월평균 임금 연간 상승률(단위: %)

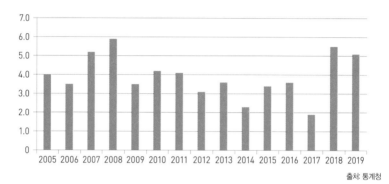

출처: 통계청

자본주의가 발전한 영국 한복판에서 근로소득의 불안정성과 비효율성에 대해 많은 생각을 하게 되었다. 아름답고 웅장해 보였던 도시가 이제는 차갑고 두렵게만 느껴졌다.

이런 내 복잡한 마음도 모르고 런던에서는 매달 어김없이 그날이 돌아왔다. 바로 방값을 내는 날이다. 3평 남짓한 방값으로 한 무더기의 지폐를 내야만 했다. 내 주머니에는 항상 동전뿐이었다. 이민가방에 숨겨둔 보라색과 주황색 지폐는 방값을 낼 때만 꺼내볼 수 있었다.

방값을 내고 있는 2층짜리 이 집은 지은 지 100년도 더 되었다.

방이 5개, 화장실이 1개 있는 이 집에는 9명이 살고 있는데, 방값만 적어도 600만 원은 넘는 것으로 보였다.

'뭔가 이상하다. 한 달에 600만 원. 이 돈은 다 어디로 가는 것일 까?'

월세를 걷어가는 한국인 형에게 물어봤다.

"형, 랜드로버가 무슨 뜻이에요?"
"랜드로버? 그거 신발 아니야?
"아니, 저 이 집에 처음 왔을 때 형이 랜드로버라고 했잖아요."
"아, 랜드 로드? 내가 여기 집주인하고 월세 계약을 해서 집을 관리 한다는 뭐 그런 거지."
"그럼 우리한테 방값을 걷어서 집주인에게 주는 거예요?
"그렇지. 그런데 왜? 뭐가 궁금한데?"
"집주인한테 월세로 얼마쯤 내는데요? 뭐, 천만 원쯤 내요?"
"왜, 너도 하게?"

그렇다. 랜드 로드는 집주인과 임대 계약을 맺고, 사람들에게 방을 빌려주고 월세를 걷는다. 이 돈으로 집주인에게 월세를 내는 것이다. 분명히 이 과정에서 남는 게 있을 것이다. 인터넷에 광고를 올리고, 손님들에게 집을 보여주는 귀찮은 일을 손해 보면서 할 사람은 없을 것이기 때문이다.

생각해보니 이 형은 아르바이트도 안 한다. 매일 빈둥빈둥 노는 것처럼 보인다. 학교도 잘 안 간다. 집에서 밥 먹는 모습도 거의 못 본 것 같다. 외식을 많이 하는 모양이다. 부럽다. 저녁이면 친구들을 불러 소란스럽게 놀기도 하고, 유럽 여행도 자주 가는 것 같다.

그래, 뭔가 있다. 단돈 1파운드라도 남는 게 있을 것이다. 어쩌면 여기에 해답이 있을 것 같다는 직감이 들었다.

'랜드 로드! 그래 방이 아닌 집을 구하자! 집주인에게 집을 빌려서 유학생들에게 세를 놓자!'

바로 집을 알아봤다. 온라인에서 집을 양도한다는 글을 발견했다. 위치는 런던 북서쪽 유대인들이 모여 사는 골더스그린이었다.

플랏이라고 부르는 대단지 빌라처럼 생긴 건물이었다. 집 내부에는 방 2개와 리셉션 룸 1개 그리고 주방, 화장실, 욕실이 있었다. 붙박이장이 딸린 큰 방은 일본인 학생과 브라질 직장인이 함께 쓰고 있었다. 큰 창문이 있는 작은 방에는 한국인 학생 2명이 살고 있었다. 이들 4명은 총 200만 원의 월세를 내고 있었다.

나는 거실에 해당하는 리셉션 룸에서 지내면 될 것 같았다. 문이 있어서 독립된 공간이라 그럭저럭 괜찮았다. 침대는 없고 바닥에 매트리스만 있었는데, 뭐 괜찮아 보였다. 지금 살고 있는 집에는 9명이 화장실 1개를 쓰는데, 여기는 나를 포함해도 5명밖에 안 되니 그게 어딘가.

갈색 머리가 인상적인 중년의 집주인을 만났다. 뉴스에서 보던 유대인을 이렇게 가까이서 보다니 신기했다. 예루살렘과 팔레스타인 그리고 가자지구(Gaza Strip)에 관한 토론을 하고 싶었지만, 내 짧은 영어로는 아무래도 힘들겠다는 생각에 빠르게 다음 기회로 패스했다.

계약 조건은 월세 210만 원 그리고 보증금으로 한 달 치 월세였다. 계약 기간은 1년이고, 귀국 등의 사유가 생기면 계약을 승계할 다른 임차인을 구해오면 된다고 했다. 모든 공과금은 임차인이 부담해야 하는데, 큰 액수는 아니었다.

'이 집에 사는 사람들이 200만 원을 내고, 여기에 내가 10만 원 보태서 집주인한테 210만 원을 보내면 되는구나. 그럼 내가 10만 원 손해인가? 아니지. 90만 원씩 내던 방값을 이제 안 내도 되니까, 나는 매달 80만 원을 버는 셈이네?'

계약은 성사되었고, 집주인이 내미는 서류에 서명을 했다. 집주인과의 직거래였다.

화장실 1개에 9명이 사는 집으로 돌아가는 길에 머릿속에서는 계산이 빠르게 돌아가고 있었다. 욕심이 생겼다. 방값만 줄여도 좋겠다는 생각으로 시작했는데 잘하면 돈이 남을 것만 같았다.

'방값을 올려볼까? 그래서 수익을 좀 남기는 거지!'

방값을 올리려면 명분이 있어야 했다. 집안 내부 환경을 바꾸면 될 것 같았다. 이 집에서 경험하는 만족도를 높여주는 것이다. 기꺼이 돈을 더 낼 만한 차별화된 서비스가 필요했다.

시장 조사를 했다. 런던에서 집을 렌트하는 사람들이 이렇게 많다니! 지하철이나 버스 정류장과 거리가 먼 집들은 방값이 쌌다. 전기, 수도, 가스 요금을 별도로 부과하는 곳도 있었다. 케이블 TV를 제공하는 집들은 많았고, 종종 무선 인터넷을 제공하는 집들도 있었다. 여학생들을 위해 각 방의 열쇠를 제공하는 곳도 있었다.

런던 북서쪽 웸블리 이케아 매장에 가서 식탁용 의자 세트와 식기류, 스탠드, 전신거울, 벽시계 등 인테리어 소품을 약간 사왔다. 당시에는 흔하지 않았던 인터넷을 방마다 설치했고, 국제전화를 무제한으로 사용할 수 있도록 해주었다. 주방, 욕실, 화장실 청소 당번제를 없앴다. 모든 청소를 나 혼자 하겠다는 조건을 제시했다. 대신 월세를 일인당 10만 원씩 올렸다.

작은 방 2명은 다음 달에 바로 나갔다. 방값 얘기를 꺼냈을 때 표정을 보고 짐작했었다. 하지만 그 방은 다른 학생들로 금방 채워졌다. 90만 원씩 내던 내 방값은 이제 공짜가 되었다. 추가로 매달 30만 원의 현금이 발생한다. 한 달에 120만 원의 수입이 생기는 시스템을 만든 것이다.

'그래 이거구나! 내가 설거지를 하지 않아도 돈을 벌 수 있구나!'

이제는 내가 잠을 자는 시간에도, 바르셀로나에서 휴가를 즐기고 있는 순간에도 이 집은 나를 대신해서 돈을 벌어줄 것이다. 여기에 나의 근로소득까지 더해지면 돈이 모이는 속도는 더 빨라질 것이다. 이제는 근로소득을 통해 어렵게 모은 돈이 허무하게 사라지지 않을 것 같았다. 세상이 달라 보였다. 부자가 되는 비밀을 알게 된 것 같았다. 자본주의에는 근로소득의 한계와 자본소득의 달콤함이 동시에 존재한다는 것을 알게 되었다.

02

오늘부터 부자가 될 준비를 하자

2년의 영국 생활을 끝낸 후 일산에 위치한 작은 학원에서 영어강사로 첫 사회생활을 시작했다. 중·고등학생을 대상으로 오후 5시부터 새벽 2시까지 영어 수업을 했다. 내신 시험 기간에는 주말 보충 수업이 필수였다.

월급은 딱 150만 원

근로소득의 한계를 다시 한번 깨닫게 됐지만 어쩔 수 없었다. 설명하기를 좋아하는 내 적성에 맞는 일이라고 좋게 생각했다. 나중에 영어학원을 차리게 될 때를 대비해서 좋은 경험이 될 것이라고 긍정적으로 생각했다. 일산에서 마포까지 매일 새벽에 퇴근하려면 택시를 타야 했다. 택시비로 월급의 절반이 나갔다. 그래서 중고차를 구했다. 1994년

식 초록색 유로 엑센트 5도어였다. 초보 연습용으로만 쓰고 새 차로 바꿔야지라고 생각했는데, 이 차는 무려 10년을 나와 함께했다.

밤낮이 바뀐 학원 강사의 생활은 생각보다 힘들었다. 목 상태가 계속 나빠졌고, 만성 두통이 생겼다. 무엇보다도 오전 9시부터 오후 6시까지 남들처럼 일하고 싶었다. 8시간 동안 서서 일하는 대신에 사무실에서 앉아서 폼나게 일하고 싶었다.

강사로서의 경험과 영어 성적 덕분에 강남구 대치동에 있는 작은 영어 콘텐츠 회사로 직장을 옮길 수 있었다. 월급도 180만 원으로 올랐다. 하지만 세금을 제하면 여전히 150만 원대였다.

토익 콘텐츠를 개발하는 회사였기 때문에 전 직원 5명이 매달 토익 시험에 응시해야 했다. 토익 만점을 기록하면 100만 원의 상금을 받을 수 있었다. 이런 좋은 제도를 그냥 지나칠 수 없었다. 100만 원이라는 실제적인 목표가 생기니 문제만 봐도 답이 보였다. 그리고 다음 월급날, 월급과 함께 상금을 받았다.

영국에서 돌아온 지 1년쯤 되었을 때 결혼을 했다. 아내는 대학에서 영어 통번역을 전공했다. 결혼식을 며칠 앞두고 아내의 대학 동기들을 만나게 되었다.

"28살에 결혼하면 엄청 빠른 거 아니에요? 그런데 집은 어디로 구했어요?"

"아내 회사 근처요. 공덕역 근처에 새 빌라예요."

"빌라요? 몇 평인데요?"

"12평이요. 방도 2개나 있어요."

"…."

모르겠다. 분위기가 이상했다. 백수였던 나는 취업 준비 중이었던 아내를 만났다. 영국에서 남겨온 파운드와 1년간 모은 월급을 합쳐도 3,000만 원이 되지 않았다. 서울 집값이 얼마인지도 몰랐고, 아파트에는 살아본 적이 없어서 아파트는 막연히 비쌀 거라고 생각했다. 아파트는 나와 상관없는 곳이었다. 하지만 그 친구들은 백마 탄 왕자님을 기대했던 것 같다. 그렇게 그냥 어색하게 웃을 수밖에 없었다.

결혼을 하고 얼마 후 아내가 아파트 얘기를 꺼냈다.

"우리 전세 보증금 있잖아. 여기에 2,000만~3,000만 원 정도 보태면 하안동이나 철산동 쪽에 아파트 살 수 있거든."

"아파트? 전세가 아니라 살 수 있다고? 그런데 그렇게 큰돈이 어디 있어?"

"은행에서 대출 받아야지."

"대출? 대출 받으면 큰일 나. 그냥 월급 모아서 사면 되지. 내가 8년 부은 청약부금 통장도 있잖아."

"이자 내면서 대출을 갚는 게 돈을 모으는 건데…."

"아, 됐어. 대출은 무슨 대출이야."

그 뒤로 아내는 아파트 얘기를 꺼내지 않았다. 대출을 받는 것은 생각해보지도 않았다. 무모한 행동 같았다. 평생 빚만 갚으며 은행의 노예가 되고 싶지는 않았다. 숨이 막힐 것 같았다. 모험을 할 용기가 없었다.

하지만 대출로 집을 살 수 있다는 얘기가 머릿속에 계속 남았다. 내 집을 갖고 싶었다. 아파트에 살고 싶었다. 북향이라서 빨래도 안 마르는 이 염리동 집이 싫어졌다. 곰팡이와 결로는 보기도 싫었다. 이왕이면 해가 잘 드는 남향이면 좋겠다. 언덕이 아닌 평지에 살고 싶다. 마을버스 기다리는 것도 싫다.

혹시나 해서 아파트 실거래가를 찾아봤다. 2007년 봄에 1억 원 초반이던 하안동 아파트는 연말이 되자 1억 7,000만 원이 넘었다. 이럴 수가! 아파트를 샀으면 전 재산만큼의 돈을 몇 개월 만에 벌 수 있었던 것이다.

'이런 게 부동산이구나!'

잠시 잊고 있던 영국에서의 경험이 떠올랐다. 돈이 들어오는 시스템에 대한 기억이 떠올랐다. 시스템을 바꿔야 했다. 매일 출퇴근하며 월급을 받는 것이 아니라 돈으로 돈을 버는 방법을 찾아야 했다. 런던의 그 집도 나를 대신해서 돈을 벌어주었다. 여기서도 아파트라면 가능할 것 같았다.

■ 2003~2007년 서울 아파트 매매 실거래가격 지수

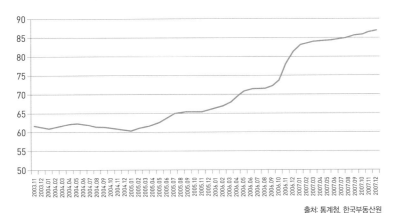

출처: 통계청, 한국부동산원

2003년부터 2007년까지 서울 아파트 매매 실거래가격 지수 역시 아파트 가격의 상승을 보여주고 있었다. 그래프를 보니 마음이 급해졌다. 결혼을 1년만 더 빨리했더라면, 1년만 더 빨리 아파트를 샀다면 지금쯤 부자가 되어 있을 것이었다. 아파트는 장기 보유만 하면 수익이 날 수 있을 것 같았다.

부동산에 관심이 생겼다.

아파트에 관심이 생겼다.

경제 신문을 읽기 시작했다. 10억 원을 모으자는 인터넷 카페에도 가입했다. 부동산과 재테크 관련 책들을 읽으며 간접 경험을 쌓아갔다.

책에서는 이렇게 말하고 있었다.

'대단지 역세권 남향 아파트를 사라. 지분이 큰 게 좋다. 토지는 팔기 어렵지만 개발만 되면 한방이다. 재개발은 10년을 버텨야 한다. 다가구 주택을 허물고 원룸 건물을 지어라. 전세를 안고 매년 아파트를 사라. 경매에 도전해라.'

부동산 공부에 한참 빠져 있을 무렵, 작은 영어 전문 출판사로 이직했다. 사원에서 벗어나서 주임이라는 직함도 생겼다.

회사 워크숍에《한국의 젊은 부자들》이라는 책을 가져갔다. 문경새재 입구에 앉아서 그 책을 읽고 있는데, 분당에 사는 신입 직원이 다가왔다.

"주임님, 무슨 책 읽으세요?"
"이거, 재테크 책."

"하하하, 얼마나 재미있기에 회사 행사까지 가지고 왔어요?"

"난 10년 안에 20억 부자가 될 거야. 이 책 제목처럼 젊은 부자가 되는 거지."

"주임님은 젊지 않잖아요. 근데 젊은 부자가 뭔데요?"

"60세, 70세가 되어서 돈 많으면 뭐하겠어. 제대로 쓰지도 못하고 맨날 병원만 다닐 거 아냐. 늦어도 40세에는 부자가 되어야지 않겠어?"

"그래서 어떻게 해서 젊은 부자가 될 건데요?"

몰랐다. 그런데 이상하게도 답을 알고 있는 듯이 머릿속이 환해졌다. 자신감이 생겼다. 목표가 생겼다. 어디로 가고 있는지 몰랐는데 이제 방향이 정해졌다.

'젊은 부자, 그래! 젊은 부자가 되는 거야!'

39세까지 20억 원을 만드는 것을 목표로 했다. 100점 맞을 것처럼 공부해야 90점은 나오는 법이다. 20억 원을 목표로 했으니 적어도 15억 원은 벌 수 있을 것이다. 그럼 아내에게 약속했던 투자 이민을 진짜로 갈 수 있을지도 모른다.

젊은 부자가 된 내 모습을 구체적으로 그려나가기 시작했다. 아직 방법은 몰랐지만 목표는 확실했다. 그래서 방법이 아니라 목표를 이뤘을 때의 기쁨에 초점을 맞췄다. 목표를 이룬 후의 모습에 집중했다. 마음만은 이미 목표를 달성하고도 남았다. 머릿속에 목표 달성 이후의 구체적인 모습과 계획들로 가득 차니 아내와 자연스럽게 그에 관한 얘기를 많이 했다.

"항상 '우리는 20억 부자다'라고 생각하고 있어."
"어디서든 20억 부자처럼 생각하고 행동해. 주눅 들지 말고."
"은퇴하면 뭐하고 지낼지 미리 생각해두고."
"이민은 뉴욕이나 런던 중 어디가 좋을까?"
"20억 원을 어떻게 쓸지 미리미리 생각해놔야지 나중에 고민을 덜 할 수 있어."

"우리, 아파트
딱 100채만 구경해보자"

50권이 넘는 책을 읽었다. 재테크 기초, 투자 마인드, 경매, 권리분석, 재개발, 토지, 부자 인터뷰 등을 담고 있었다. 하지만 내용이 비슷했다. 뜬구름 잡는 그럴싸한 조언들만 늘어놓은 것 같았다. 그래도 책 좀 읽었다고 머릿속으로는 이미 투자 10년 차 고수가 된 느낌이었다.

이제 집을 보러 다녀도 될 것 같았다. 퇴근을 하고 거의 매일 저녁 집을 보러 다녔다. 집을 보러 다녀보니 그제야 눈에 들어오는 것이 있었다. 아파트에 살고 있는 사람들이 이렇게 많다는 것을. 아파트 수만큼 집주인들도 많다는 것을. 현관문을 열어주는 집주인들은 하나같이 교양 있고 여유가 있어 보였다.

처음 본 집은 마포역에 있는 한화오벨리스크 23평이었다. 이름만 들으면 이집트 파라오가 사는 곳 같았다. 저녁 8시가 다 되어서 만난 부동산중개소 사장님은 아파트 입구가 지하철역과 연결되어 있어서 비도 안 맞고 종로까지 출근할 수 있다고 소개했다. 지하상가를 통해 아파트로 들어가는 입구가 약간 복잡했다. 보안이 철저해서 그렇다고 했다. 엘리베이터를 타고 올라갔다. 마루가 깔린 거실이 있고 방 2개가 나란히 붙어 있었다. 싱크대에 붙은 빌트인 세탁기가 좋아 보였다. 거실 창이 통유리라서 햇빛도 잘 들어올 것 같았다.

'여긴 빨래도 잘 마르겠지. 역시 고층이 좋네.'

부동산 사장님은 가격은 더 싸지만 평수는 더 큰 오피스텔도 보여 줬다. 마포대교 야경이 눈에 들어왔다. 부동산 책에서 오피스텔은 지분이 적어서 투자성이 떨어진다고 했던 내용이 생각났다. 역시 공부한 보람이 있었다. 공부하지 않았으면 그 오피스텔을 덜컥 샀을지도 모른다.

"아까 그 아파트 살까?"
"이제 처음으로 하나 봤잖아. 다른 것도 더 보고 결정하자."
"방 2개면 둘이 살기에 충분하잖아. 거실 전망도 좋고."
"아파트를 처음 봐서 다 좋아 보여서 그럴 거야. 일단 100개만 보자. 그래도 여기가 제일 좋으면 그때 결정하고."

아내 말이 맞았다. 두 번째로 본 아파트는 더 좋아 보였고, 세 번째는 더 좋았다. 보는 눈이 없어서 보는 대로 좋아 보였다. 아파트를 고르는 기준도 없었다. 집을 보고 나오면 그 집 살림살이만 기억에 남았다. 집을 보는 게 아니라 이삿짐 견적 내러 다니는 것 같았다. 5분도 안 되는 시간 안에 뭘 봐야 하는지 몰랐다.

만 원짜리 옷도 거울에 비춰보고, 입어보고, 옆구리에 붙은 태그 뒤집어서 면이 몇 퍼센트이고 폴리에스터가 몇 퍼센트인지를 확인하는 데도 5분 가지고는 어림도 없다. 그런데 2억, 3억 원짜리 아파트를 5분만에 휙 보고 살지 말지를 결정해야 하다니. 이상한 방식이다.

미리 아파트 도면과 구조를 파악하고 집을 보러 갔다. 그런데 부동산 사장님들은 '여기가 거실이고요, 여기가 안방이고요' 하면서 구조만 설명했다. 문을 열어놓으면 환기가 잘되고, 베란다 창을 조금 열어놓으면 결로는 안 생긴다고 말하기도 했다. 여름에는 에어컨이 없어도 시원하고, 겨울에도 난방비가 적게 나온다고 했다. 그리고 10년 된 아파트 같은데 인테리어를 전부 다시 했다고 하고, 부자 되는 좋은 기운이 있는 집이라고도 했다.

어제 봤던 사람이 계약금을 보내기 직전이라는 말은 어디를 가나 들었다. 같은 아파트를 꼭 나보다 하루 먼저 보러 온 사람이 있었다. 무슨 각본 같았다. 멘트가 거의 비슷했다.

현관문이 열리면 부동산 사장님들 10명 중 10명은 나를 집 안으로 먼저 들어가게 했다. 그리고 10명 중에 절반 정도는 내가 아무렇게나 벗어놓은 신발을 가지런히 정리하고 들어왔다. 집을 보여주는 공식 같은 게 있는 모양이다. 공인중개사 실무 단계에서 배우는 매너 같은 것인가.

아내 회사가 있는 노량진역 주변의 집을 보러 갔다. 동작구청 근처 부동산에 가서 매매 물건을 문의했다.

"예산은 얼마나 생각하시는데요?"
"2억 원 정도요."
"대출 좀 받으면 3억 원대 중반도 괜찮으시죠?"
"대출 1억 원 포함해서 최대 2억 원인데요."
"그 돈으로 아파트는 힘들고, 여기 빌라나 좀 봐요."

그러고 나서 어두운 골목길을 돌고 돌아 경사진 붉은 벽돌 주택으로 안내했다. 지도가 없으면 다시는 못 찾아올 것 같은 집이었다. 골목에 가로등도 없었다. 현관 바닥에는 전단지들이 널브러져 있었다. 계단을 몇 개 올라가 1층으로 들어갔다. 좁다. 신발 놓을 공간도 없었다. 방 2개 빌라인데 2억 3,000만 원이었다. 저녁에 늦게 오면 주차할 자리도 없다고 했다. 지금 살고 있는 마포 전셋집보다 못했다. 다시 언덕을 내려오는데 미리 찍어뒀던 아파트가 보였다. 신동아 아파트였다.

"사장님, 여기 아파트는 얼마쯤 하는데요?"
"거기? 제일 작은 게 3억 5,000만 원은 줘야 해. 그것도 1층이야."
"한번 볼 수 있어요?"
"지금 시간이 늦어서 안 되지. 아까 본 빌라도 괜찮아. 이 동네 주차되는 집은 더 비싸."

돈이 없으니 집을 안 보여주는 것이다. 여기는 안 되겠다. 아내의 눈치를 보며 이렇게 말했다.

"집이랑 회사랑 너무 가까운 것도 좀 그렇잖아?"
"그래. 집 가까우면 맨날 야근시킬 거 같아. 집에 가서 밥이나 먹자."

부동산 책에서 재건축 아파트 투자 이야기를 본 적이 있어서 서대문구에 있는 오래된 아파트를 보러 간 적이 있었다. 3호선 무악재역 앞 저층 아파트인데 매매가는 2억 1,500만 원이었다. 1960년도 후반에 지어졌기 때문에 조만간 재건축이 되지 않을까 해서 공부할 겸 보러 갔다. 집을 보여준 여자 사장님은 잠깐 사무실에 가서 상담을 하자고 했다. 사무실에 따라가니 키가 큰 남자 사장님이 한 분 더 계셨다.

"젊은 신혼부부가 집을 보러 다니는 거 보니 참 좋네요."

"그런데 아까 그 집은 너무 오래된 거 같아요. 당장은 입주할 형편이 안 되어서 전세 놓아야 하는데, 전세가도 너무 낮은 거 같고요."

"좀 그렇기는 하죠? 저렇게 오래된 아파트보다 새 아파트를 사는 건 어때요?"

"돈이 없어요."

"마포구 용강동이라고 들어봤어요? 거기에 새 아파트를 짓는데, 1억 원이나 싸게 잡을 수 있는 물건이 마침 나왔거든."

두 분은 한강과 어우러진 멋진 아파트 조감도를 보여주고, 스크랩해서 오려놓은 신문 기사도 보여줬다. 많이 들어본 건설사의 아파트였다. 대물 부동산이라는 알 수 없는 설명도 했다. 특별 분양가 혜택을 받으려면 조합원이 되어야 한다고 했다. 그럼 조합에 가입을 해야 하는데, 가입비는 2,000만 원이었다. 남자 사장님은 본인도 2개나 가입했다며 표창장같이 생긴 코팅된 가입 증서를 보여주었다.

"자, 여기 봐요. 저도 가입했고, 제 동생도 가입했어요."

"여기 회사에서 완공할 때까지 보증해줘서 걱정할 거 하나도 없어요."

"문의 전화가 많아서 서둘러서 결정해야지, 안 그러면 이 물건 금방 놓쳐요."

"아직 젊어서 청약점수 얼마 안 되죠? 이건 청약통장도 필요 없거든."

사장님 두 분의 현란한 물건 소개에 정신이 없었다. 갑작스러웠다. 일단 가입비를 내고 조합원만 되면 일반 분양가 대비 1억 원이나 싸게 살 수 있다고 한다. 1억 원이면 우리가 5년은 모아야 하는 큰돈이다. 나에게 이런 기회가 찾아오다니 믿을 수가 없었다. 한강변의 새 아파트라, 그것도 32평이나 되는 큰 평수의 아파트라니. 벌써 밤 9시가 넘었다. 퇴근하고 바로 오느라 저녁도 못 먹어서 배도 고팠다. 당장 2,000만 원도 없었기에, 내일 오후에 계약하기로 했다.

다음 날, 오후 반차를 내고 회사를 나섰다. 들뜬 마음으로 수표를 준비했다. 아내는 휴가를 낼 수 없어서 혼자 부동산으로 향했다.

'새 아파트를 살 수 있다니. 역시 저녁마다 그렇게 집 보러 돌아다닌 보람이 있구나.'

약속 시간은 오후 3시였고, 시간이 30분 정도 남았다. 길 건너편에 있는 다른 부동산 간판이 눈에 들어왔다. 시간도 때울 겸 들어갔다.

"사장님, 혹시 용강동 아파트에 대해 뭐 좀 아세요?"
"용강동? 지역주택조합 그거?"

"지역주택조합이요? 그게 뭔데요?"

"구청에 문의해봐요. 그게 제일 정확하지."

마포구청에 전화해서 용강동 지역주택조합에 관해서 알고 있는 직원이 있으면 바꿔달라고 했다. 지역주택조합은 인근 주민들이 조합을 만들고 토지 소유주들의 동의를 얻어서 기존 주택들을 허물고 아파트를 짓는 것이다. 이야기를 들어보니 좋은 취지이기는 하나 시간이 오래 걸릴 것 같았다. 문제는 사업이 지연되는 동안 돈 문제가 발생할 가능성이 높아 보였다.

약속 시간이 넘자 부동산에서 전화가 빗발쳤다. 하지만 전화를 받으면 안 될 것 같았다. 결국 계약하러 가지 않았다. 내 손으로 32평 아파트를 날린 것 같았다. 그냥 계약할걸 그랬나. 설마 잘못될 일이 있을까? 남자 사장님 인상 좋아 보이던데.

그 뒤로도 집을 계속 보러 다녔다. 첫 집을 사기 전까지 100채를 보는 것이 목표였다. 일단 많이 봐야 보는 눈이 생길 거라고 생각했다.

목표한 100채가 가까워지고 있었다. 이제는 집을 보러 가면 예전처럼 살림살이만 보고 나오지 않았다. 방 구석구석 천장과 몰딩을 보면서 누수 흔적이 있는지 가장 먼저 보면서 앞뒤 베란다 벽과 섀시 주변에 결로가 얼마나 심했는지 짐작해본다. 누수와 결로 상태는 집값을 깎을 수 있는 중요한 협상 요소이기 때문이다. 외부 섀시의 연식을 가늠해보고, 실리콘 마감 상태를 점검한다. 외부에서 들어오는 빗물로 인한 누수 발생의 원인 지점이기 때문이다. 외벽에 생긴 크랙은 관리실에서 보수해주지만 외부 섀시 실리콘은 집주인이 해결해야 한다. 옥상에서부터 줄을 타고 내려와서 시공해야 하기 때문에 수리비용이 저렴하지는 않다. 거실 베란다를 확장한 집이라면 확장된 부분의 바닥에 난방이 되는지 확인한다.

싱크대 하부장 안에 있는 수도관과 욕실 세면대 하단 수도관에 누수 등 이상이 없는지도 확인한다. 욕실 벽과 바닥에 새로운 타일을 덧붙여서 인테리어를 하는 경우가 많기 때문에 욕실 문턱과 욕실 바닥의 높이 차이가 5cm 이상 여유가 있는지도 확인한다.

욕실 문 안쪽 상태는 반드시 확인해야 한다. 물에 젖어서 썩어 있는 경우가 많기 때문이다. 욕실 문만 교체하면 다른 방과 어울리지 않고, 자칫 문틀까지 다시 맞춰야 하는 경우도 있기 때문에 공사가 커질 가능성이 있다. 집주인 인상이 좋아 보이면 눈치껏 싱크대와 화장실 수압을 확인한다. 도배, 장판, 마루, 싱크대 상태는 크게 중요하지 않다. 기본적인 인테리어 공사는 해야 하기 때문이다.

이상하게도 강남만 빼고 집을 봤다. 마치 일부러 피한 것처럼 강남만 빼고 집을 알아봤다. 그때 강남을 가봤어야 했다. 강남구, 서초구, 송파구를 가봤어야 했다. 사지는 못해도 강남 아파트를 구경이라도 했어야 했다.

■ 아파트 점검사항

위치	아파트 점검사항	평가				
현관	현관 타일 상태는 어떠한가?	5	4	3	2	1
	신발장 용량과 수리 상태는 어떠한가?	5	4	3	2	1
	현관문에 도어락 타공 흔적이 심한가?	5	4	3	2	1
방, 거실	천장에 누수 흔적은 없는가?	5	4	3	2	1
	몰딩 상태는 어떠한가?	5	4	3	2	1
	방문과 손잡이 상태는 양호한가?	5	4	3	2	1
욕실	천장 누수 흔적은 없는가?	5	4	3	2	1
	바닥과 벽 타일에 손상은 없는가?	5	4	3	2	1
	욕실 문이 파손되거나 부식되지는 않았나?	5	4	3	2	1
	욕조가 있는가 샤워부스가 있는가?	5	4	3	2	1
	세면대, 변기, 거울, 전등 상태는 양호한가?	5	4	3	2	1
	욕실 바닥과 문턱과의 높이 차이가 5cm 이상인가?	5	4	3	2	1
	세면대 수압은 적절한가?	5	4	3	2	1
주방	싱크대 연식은 어느 정도로 보이는가?	5	4	3	2	1
	싱크대 상판 재질(스테인리스, PT, 인조대리석)은 무엇인가?	5	4	3	2	1
	하부장 안쪽 수도관에 누수는 없는가?	5	4	3	2	1
	상부장과 하부장 사이 타일 상태는 양호한가?	5	4	3	2	1
	싱크대 수압은 적절한가?	5	4	3	2	1

위치	아파트 점검사항	평가				
베란다	베란다 천장과 우수관에 누수 흔적은 없는가?	5	4	3	2	1
	외부 섀시가 단창인가, 이중창인가?	5	4	3	2	1
	섀시 주변 실리콘 마감 상태는 양호한가?	5	4	3	2	1
	확장된 공간에 난방과 단열 시공이 되어 있는가?	5	4	3	2	1
전체	도배 상태는 새로 시공해야 할 정도인가?	5	4	3	2	1
	마루나 장판 상태는 새로 시공해야 할 정도인가?	5	4	3	2	1
	방문, 몰딩, 베란다에 페인트를 새로 칠해야 할 정도인가?	5	4	3	2	1
	전등의 상태는 새로 교체해야 할 정도인가?	5	4	3	2	1
	개별 난방의 경우 보일러 설치일은 언제인가?	5	4	3	2	1

04

투자의 시작,
평생 월급 계산하기

다른 사람의 집을 구경하는 건 재미있었다. 그런데 아파트를 보면 볼수록 좌절감과 조급한 마음만 커졌다. 아무리 계산을 해도 월급만으로는 아파트를 살 수 없었기 때문이다. 정확하게는 마음에 드는 좋은 아파트를 살 수 없었다. 2008년 새해가 되고 월급도 미세하게 올랐지만 여전히 마음은 답답했다. 아내와 계산을 한번 해봤다.

"아파트 사려면 도대체 월급을 몇 년이나 모아야 하는 거야?'

"지금 우리 둘이 합치면 세금 떼고 350만 원 정도 들어오지."

"한 푼도 안 쓰고 모으면 1년이면 4,200만 원이고, 10년이면 4억 2,000만 원이네?"

"생활비는 빼야지. 어떻게 한 푼도 안 쓰고 모을 수가 있어?"

"그럼 생활비로 월 150만 원을 잡고, 1년이면 2,400만 원이니까 20

년 동안 모으면 4억 8,000만 원."

"둘이 합쳐서 40년을 일했는데 5억 원도 안 되는구나. 슬프다."

"그런데 우리가 20년 동안 회사를 다닐 수 있을까?"

참혹한 결과였다. 이 정도일 줄은 몰랐다. 아무리 중소기업이지만 20년 동안 맞벌이를 해야 겨우 5억 원을 모을 수 있었다. 20년 동안 공과금, 보험, 의료비, 식료품비, 통신비, 교통비 등 모든 생활비를 150만 원 안에서 해결해야만 한다. 중간중간 큰돈이 들어갈 일도 발생하지 않아야 하고, 지금 타는 고물 차도 20년을 더 타야 한다.

내가 평생 벌 수 있는 돈을 계산해보고 알게 되었다. 최소 생활에 딱 필요한 만큼 받는 게 월급이라는 사실을 말이다. 쳇바퀴 같은 월급쟁이 생활에서 빠져나올 수 없게 만드는 게 바로 월급이었던 것이다. 월급쟁이 생활을 겨우 유지할 수 있는 만큼만 받는 월급으로 아파트를, 아니 강남 아파트를 사려고 하는 것 자체가 불가능한 도전이었다.

월급의 교묘한 능력을 또 한 가지 발견했다. 이번 달 월급과 올해 연봉 액수는 내가 성공한 것처럼 착각하게 만들었다. 얼마 전까지만 해도 취업 준비생이었는데 이제는 한 달에 수백만 원을, 1년이면 수천만 원을 벌 수 있게 된 것이다. 이대로라면 금방 부자가 될 것만 같았다. 조만간 승진도 하고 열심히 일하면 억대 연봉의 임원도 될 것도 같다.

그 순간 갑자기 살 것도 많아지고, 살 수 있는 것들도 많이 보이기 시작한다. 연봉에 어울리는 품위 유지를 해야 할 것 같다. 돈 쓰는 즐거움을 발견하는 것이다.

'회사 다니려면 그래도 이 정도는 사야지, 안 그래?'
'출퇴근할 때 보면 이거 하나씩은 다 들고 다니던데.'
'일단 할부로 사고 다음 달 월급 받아서 갚으면 되잖아.'

과연 나에게 젊은 부자와 조기 은퇴라는 목표가 있었는지 기억도 안 난다. 조심해야 했다. 연봉 액수에 현혹되지 말아야 했다.

"이대로는 안 되겠다. 그냥 이대로라면 아파트가 문제가 아니라 우리가 100살까지 일을 해야 할 거 같아."
"그럼 어떻게 해? 다시 대기업 취준생으로 돌아가야 해?
"올해 대기업 초봉이 3,000만 원이라고 하던데, 우리 둘이 6,000만 원을 받는다고 하면 한 달에 500만 원이고 세금과 생활비를 빼면 1년에 3,500만 원, 20년이면 7억 원은 모으겠다."
"아, 대기업에 다녀도 답이 없기는 마찬가지구나."

미래를 바꿔야 했다. 월급만으로는 답이 없음을 깨닫게 되었으니 투자를 시작해야 했다. 처음에는 단순히 곰팡이 없고 빨래가 잘 마르는 내 집 마련을 위해 시작했다. 하지만 이제는 노후를 준비하기 위해서 투자가 필요했다. 돈 걱정을 하지 않는 삶을 위해서, 적어도 돈 때문에 불행하다는 생각을 하지 않기 위해서 투자가 필요했다. 이제부터는 내 미래를 바꾸기 위해서 투자를 해야 하는 것이다.

소중한 내 시간과 맞바꾼 결과물이 시간 속에서 허무하게 사라지게 놔둘 수는 없었다. 내 젊은 시절의 노력과 수고의 결과를 남기고 싶었다. 월급과 바꾼 내 시간을 다시 되찾고 싶었다. 바로 그 빛나는 순간에 조금의 망설임도 없이 내리게 될 결정은 조기 은퇴가 될 것이다.

평생 벌 수 있는 소득을 계산하는 것, 이것이 바로 투자의 시작이다. 현재 연봉과 은퇴까지의 시간을 곱하면 평생 벌 수 있는 소득을 명확한 숫자로 볼 수 있다. 숫자를 눈으로 보면 근로소득의 한계를 더욱 실감할 수 있다.

다음의 표에 자신의 상황을 솔직하게 한 번 적어보자,

계산 결과가 실망스러울 수 있다.
괜찮다. 이 계산만으로 이미 강남 아파트 투자는 시작된 것이다.

계산 결과가 상당히 만족스러울 수도 있다.

■ 평생 월급 계산 예시

구분	결과 값	비고	
올해 나이	42세	−	세
올해 연봉(A)	7,500만 원	−	원
은퇴까지 남은 예상 연수(B)	13년	−	년
은퇴까지 받는 월급 합계(C)	9억 7,500만 원	(A)x(B)	원
세금 제외한 실수령액 합계(D)	7억 8,000만 원	(C)x80%*	원
평균 지출하는 월 생활비(E)	350만 원	−	원
평균 지출하는 연간 생활비(F)	4,200만 원	(E)x12	원
은퇴까지 지출하는 생활비 합계(G)	5억 4,600만 원	(F)X(B)	원
평생 벌 수 있는 실제 소득	2억 3,400만 원	(D)−(G)	원

*계산상 편의를 위해 20%의 세금을 적용함

　고생했다. 하지만 그 자리에서 앞으로 몇 년을 더 버틸 수 있을지 고민해봐야 한다.

　현실과 마주해야 한다. 지금 하는 일에서 평생 벌 수 있는 소득을 계산해봐야 한다. 세금과 생활비까지 공제하고 실질적으로 손에 쥘 수 있는 금액을 숫자로, 눈으로 직접 봐야 한다. 현실을 깨닫는 것이 바로 투자의 첫걸음이기 때문이다.

05
월급은 달콤하지만
자산을 불려주진 않는다

예전에 회사를 다닐 때 일이다. 자주 가는 식당이 있었다. 7,000원 하던 매콤한 닭곰탕이 물가 인상을 이유로 하루아침에 9,000원으로 올랐다. 분명히 지난주와 같은 음식인데 오늘은 2,000원을 더 내야 했다. 닭고기가 더 많이 들어간 것도, 반찬이 더 늘어난 것도, 서비스가 좋아진 것도 아니었다. 그냥 가격만 올랐다. 식당 주인만 부자가 되고 있었다.

'여기 테이블이 13개인데 평균 3명씩 앉고, 점심 때 두 번은 회전되니까 하루면 15만 원, 한 달이면 300만 원?'

가격표 숫자 하나만 살짝 바꿔서 한 달 수익을 300만 원이나 늘리고 있었다. 내 월급보다 많은 금액을 벌고 있는 것이었다. 억울한 마음으로 점심을 먹는데 문득 이런 생각이 스쳐 지나갔다.

'물가가 10% 오르면 1만 원짜리 밥이 1만 1,000원이 되고, 내 월급 200만 원도 220만 원이 되겠지? 뭐 그렇게 나쁜 건 아닌데? 아니지, 월급은 5%도 안 오르니깐 결국 월급쟁이인 나만 손해구나!'

자본주의 시스템의 핵심은 인플레이션이라고 했던 책의 내용이 생각났다. 화폐가치가 하락함에 따라 물가 상승이 일어난다는 것이다. 시간이 지날수록 동일한 서비스를 이용하고 동일한 재화를 구매하기 위해서는 과거보다 더 많은 돈이 필요하게 되는 것이다. 소비자물가는 2000년 이후로 0% 미만으로 떨어진 적이 한 번도 없었다. 매년 물가가 상승하고 있었고, 앞으로도 계속 상승할 가능성은 높아 보였다.

■ 2000~2019년 소비자물가 상승률(단위: %)

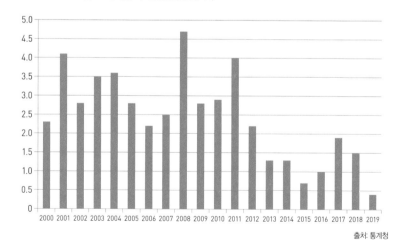

출처: 통계청

'물가가 오르는 건 결국 화폐가치가 하락하는 것이구나!'

생각해보니 정말 그랬다. 1999년에 대학 등록금은 1년에 400만 원 정도였다. 2020년에는 800만 원 정도이다. 두 배가 올랐다. 당시 편의점 아르바이트로 시간당 1,800원을 받았는데, 2020년 최저 시급은 8,590원이다. 4배가 넘게 올랐다.

'인플레이션으로 인해 물가가 10% 오르면 1만 원짜리는 1,000원이 오르고, 100만 원짜리는 10만 원이 오르니까 금액이 큰 게 유리하구나. 잠깐, 그럼 1억 원짜리 아파트는 1,000만 원이 오르고, 10억 원짜리 아파트는 1억 원이 오르는 거야?'

금액이 큰 실물자산, 이것을 소유하는 것이 유리해 보였다. 내 연봉을 1억 원으로 올리기보다는 1억 원짜리 아파트를 사는 것이 더 빠를 것 같다. 그럼 화폐가치 하락으로 인한 가격 상승 효과를 전적으로 내 것으로 만들 수 있을 것이다.

같이 점심을 먹던 직원은 가격이 오른 것을 대수롭지 않게 여겼다.

"그냥 2,000원 더 내면 되지 뭘 그래. 인건비도 오르고 가게 월세도 올랐나 보지 뭐."

이 직원은 평소에 저축과 보험이 최고라고 생각하고 있었다. 월급만 모아도 일산 아파트 전세에서 벗어날 수 있고, 노후는 보험이 지켜줄 거라고 굳게 믿고 있다. 육아휴직 중이었지만 교사인 아내가 정년 때까지 월급을 받을 수 있을 것이기 때문에 큰 걱정이 없다고 했다.

"그게 중요한 게 아니라, 10년 전에 변액보험에 가입한 게 있는데 이게 최근에 플러스가 됐어."

"10년 동안 계속 마이너스였어? 10년 넣었으면 원금도 꽤 되겠네?"

"둘이 합쳐서 60만 원이니까 원금만 7,000만 원이 넘지. 보험은 원래 다 그런 거 아니야?"

"나는 아파트 투자 계속 알아보고 있거든. 그 돈이면 서울 아파트를 살 수도 있는데."

"됐어. 난 너처럼 그렇게 돈 안 모을 거야. 정년 때까지 지금처럼 월급 받으면 되지, 뭘 걱정해?"

파이프라인 이야기를 해줬다. 유명한 이 이야기는 강에서 공장까지 물은 퍼서 나를 때마다 돈을 버는 것으로 시작된다.

A는 강과 공장이 존재하는 한 평생 풍부한 소득이 보장될 것으로 생각했다. 그래서 A는 매일 번 돈을 전부 써버렸다. 집도 사고, 타고 다닐 멋진 말도 샀다. 돈은 내일 또 벌면 되기 때문이다. 하지만 시간이

흘러 더 이상 일을 할 수 없게 되자 영원할 줄 알았던 수입도 끊겼다.

　반면에 B는 나이가 들고 건강이 약해질 때를 대비했다. B는 물통 나르는 일을 하고 남는 시간에 파이프라인 공사를 시작했다. 오랜 시간이 걸렸지만 파이프라인 공사가 드디어 완성됐고, 이제 수도꼭지만 틀면 물이 콸콸 나왔다. 더 이상 물통을 메고 직접 물을 나르지 않아도 되었다. 잠을 잘 때도, 여행을 떠나도 수입은 계속 발생했다. 돈이 필요하면 그저 수도꼭지만 틀면 되기 때문이다.

　"우리가 뭐야, 월급쟁이지? 잘 생각해 봐. 월급쟁이는 자신의 시간과 월급을 바꾸고 있잖아. 오늘처럼 출근해서 한 시간 일을 해야 시급을 벌고, 한 달 일을 해서 월급을 받는 것이지. 저 앞 광화문에 있는 대기업 직원은 큰 공장에 소속되어 큰 물통으로 물을 나르고 있고, 너나 나는 작은 공장에 소속되어 작은 물통을 나르고 있는 거야."

　"그런데 난 바빠서 파이프라인 그런 거 만들 시간이 없어. 그냥 물통을 더 자주 나르면 되는 거 아냐? 야근도 더 하고, 주말에는 외주 개발 투잡도 뛰면 되거든. 월급 잘 나오니까 안정적인 지금 이대로 있을래. 아내도 투자하는 거 싫어하거든."

　"나는 언제까지 회사를 다닐 수 있을지 모르니까 부동산 투자를 통해 파이프라인을 만들려고 해. 인플레이션 때문에 투자를 안 하면 오히려 손해인 거 같거든."

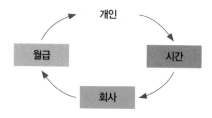

안정적인 월급쟁이 생활에 만족한다는 말을 들으니 쇠사슬에 묶인 노예 이야기가 생각났다.

옛날에 발목에 쇠사슬이 묶인 노예들이 있었다. 처음에 노예들은 이 쇠사슬이 너무 무겁고 불편해서 매일 불평을 늘어놓았다. 그런데 시간이 흐르자 쇠사슬에 점점 익숙해졌다. 마치 자신들과 한 몸이 된 것 같이 느껴졌다.

매일 쇠사슬을 바라보던 노예들은 어느 날부터인가 쇠사슬에서 번쩍이는 빛이 나는 것을 발견했다. 주위를 둘러보니 다른 노예들의 쇠사슬보다 자신의 것이 더 큰 것처럼 보였고, 더욱 아름다운 빛을 내는 것처럼 보였다. 노예들은 서로 모여서 자신의 쇠사슬이 더 멋있다고 자랑하기 시작했다. 심지어 쇠사슬에 묶여 있지 않은 자유인들을 비웃기까지 했다.

월급과 보너스를 더 받고, 복지가 더 좋고, 정년이 보장되는 것 등은 나에게 중요하지 않았다. 결국 발목에 묶인 쇠사슬에 불과했기 때문이다. 월급의 달콤함에 빠져서 나 스스로가 노예인지 아닌지 혼돈에 빠져서는 안 되었다.

회사에는 부동산 투자 이야기를 나누는 멤버들이 몇몇 있었는데, 그중에는 실거주 비과세 투자 전문가도 있었다.

"다른 게 아니라 잠실주공 5단지를 팔라고 부동산에서 계속 전화가 오는데 이걸 팔아야 하나 말아야 하나 해서 말이야."

"재건축되면 평당 1억 원짜리인데 더 가지고 있어야 하지 않겠습니까? 34평인데 권리가격도 36평과 비슷한 로열 물건이고요."

"자네도 영등포 아크로타워스퀘어 알지? 프리미엄 낮을 때 사서 이제 이사 들어가는데, 일시적 2주택 기한이 다가와서 잠실 아파트가 조금 문제가 되거든. 지금 팔면 비과세로 파는 거라 세금 부담이 없는데, 올해 6월이 넘어서 팔면 양도세도 그렇고 재산세도 나와서 말이야."

"팔기 아깝지만 비과세 생각하면 계산을 좀 해봐야겠습니다. 저번에 매도하신 둔촌주공은 사실 좀 아까웠습니다."

"그거 아현동 마포래미안푸르지오를 판 돈으로 산 건데, 둔촌주공이 단기간에 많이 오르니 좀 무섭더라고. 그래서 팔았지. 나이가 있으니 재건축 기다리기도 그렇고. 이거 팔고 월세 나오는 상가건물을 알아보려고 하는데, 자네 생각은 어떤가?"

월급에 안주하지 않고 꾸준한 투자를 통해 상당한 자산을 만든 실제 사례를 가까이서 볼 수 있는 좋은 기회였다. 부동산 투자에 대한 확신이 커지고 있었다.

'자산은 뻔한 월급이 아니라 역시 투자로 키워야 하는구나.'

소득을 발생시키는 방식을 바꾸기 위한 파이프라인 공사에는 시간과 노력, 공부가 필요하다. 무엇보다도 계획을 실천하는 끈기가 필요하다. 하지만 누구나 가능하다. 결코 불가능하지 않다. 평범한 중소기업 월급쟁이인 나도 파이프라인 공사를 시작한 지 11년 만에 대출 없이 60억 원대 자산을 만들어 조기 은퇴를 실행했다.

매달 입금되는 달콤한 월급에 중독되기 전에 깨달아야 한다. 자산은 월급이 아니라 투자로만 키울 수 있다는 것을 말이다. 월급을 위해서가 아니라 투자를 위해 일을 해야 한다. 월급은 투자를 위한 수단에 불과하기 때문이다.

06

월급의 배신에
대비할 것

이제는 대기업 맞벌이, 전문직 맞벌이 부부를 쉽게 볼 수 있다. 고소득 직장인도 흔해졌다. 퇴근 시간 지하철에는 한눈에 봐도 어딘지 알 수 있는 기업 이미지가 박힌 사원증을 보란 듯이 목에 걸고 있는 직장인들로 가득하다.

"오빠, 저 사람도 사원증을 보니 대기업 다니나 봐."

"그런데 월급 1,000만 원 받는 사람하고 200만 원 받는 사람하고 뭐가 다른 줄 알아?"

"월급이 다르지. 뭐, 복지 같은 것도 다를 테고. 근무 환경도 더 좋다고 하잖아."

"일단 월급이 다르지. 똑같이 한 달 일해서 월급 1,000만 원을 받는 사람도 있지만 우리처럼 200만 원 받는 사람이 더 많잖아. 파이프라인

기억나지? 월급이 다르다는 건 파이프라인 비유에서 물을 나르기 위한 물통의 크기가 다른 것이지."

"물통의 크기가 다르다고? 아, 물통이 커야 돈을 더 많이 받는 건가?"

"그렇지. 당장 눈앞에 보이는 작은 물통을 집어 들고 강에 뛰어 들어가는 사람도 있고, 시간을 들여 나무를 깎아서 큰 물통을 만들어 한 번에 더 많은 물을 옮기는 사람이 있는 거지. 그런데 이들 사이에 공통점이 있어."

"어떤 공통점?"

"똑같이 하루 일해서 일당을 벌고, 한 달 일해서 월급을 받는다는 거지. 물통의 크기가 아무리 커도 강에서 공장까지 실제로 직접 물을 날라야만 돈을 받잖아."

"똑같이 월급쟁이인 거지?"

월급쟁이인 나는 직접 강에 뛰어 들어가야만 한다. 발이 물에 빠지고 바지가 젖는 수고를 통해서 물을 가득 채워야 한다. 어깨가 아프지만 물통을 메고 울퉁불퉁한 자갈길을 지나 가파른 언덕을 올라가서 공장에 들어서야 한다. 그래야만 퍼 나른 물의 양만큼에 해당하는 수고비를 받을 수 있기 때문이다. 피곤하지만 잠시 쉬었다가 내일 아침이면 또 나가야 한다. 내가 하루 쉬면 그만큼 수입이 줄어든다. 내 물통이 크든 작든 이런 수고를 하지 않으면 수입은 발생하지 않는다.

직장인들의 꿈의 연봉인 1억 원! 받아본 적은 없지만 세금을 제하고 실제 통장에 찍히는 금액은 한 달에 650만 원이라고 한다. 그런데 통계청 조사에 따르면 2019년 전국 가구의 월평균 소비지출 액수는 245만 7,000원이다. 4인 가구는 무려 371만 원이나 된다. 4인 가구의 경우 연봉 1억 원을 받아도 연간 3,000만 원을 저축하기 쉽지 않은 것이 현실이다.

'만약 불의의 사고를 당해서 내일부터 출근하지 못하면 어떡하지?'

연봉이 1억 원이든 2,400만 원이든 매월 입금되던 월급은 모두 사라진다. 스스로 소득을 만들어내지 못하는 월급쟁이이기 때문이다. 이런 일은 생각보다 누구에게나 쉽게 발생한다. 갑작스럽게 회사 경영 상황이 어려워질 수도 있고, 개인의 질병이나 사고로 인해 실직하게 될 수도 있기 때문이다.

주택을 매수하는 주요 연령층인 30대의 실업률은 2019년 3.3%, 40대는 2.3%를 기록했다. 이들이 2019년 전체 실업률의 19%를 차지한다. 결코 무시할 수 없는 수치이다. 대비해야 한다.

연령 계층별	2010	2011	2012	2013	2014	2015	2016	2017	2018	2019
15~19세	11.9	10.8	8.9	10.3	9.3	10.6	10.0	8.7	9.3	8.6
20~29세	7.7	7.4	7.4	7.8	9.0	9.0	9.8	9.9	9.5	9.9
30~39세	3.5	3.4	3.0	3.0	3.1	3.1	3.1	3.3	3.4	3.3
40~49세	2.5	2.1	2.0	2.0	2.2	2.3	2.1	2.1	2.5	2.3
50~59세	2.5	2.1	2.1	1.9	2.2	2.4	2.3	2.2	2.5	2.5
60세 이상	2.8	6.6	2.4	1.8	2.3	2.5	2.7	2.9	3.1	3.4

출처: 통계청

■ 2010~2019년, 30~49세 실업률(단위: %)

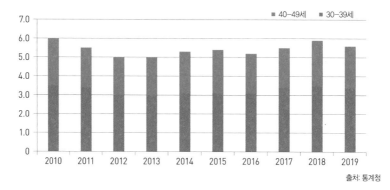

출처: 통계청

전국에 300개 이상의 지점을 운영하던 한 교육업체의 본사에서 근무한 적이 있다. 내 이름 밑에 팀장이라고 새겨진 명함도 받았지만, 입사 6개월째부터 월급이 밀리기 시작했다. 이후 몇 개월은 월급의 절반만 나오더니, 결국 임금체불이 발생하고 말았다. 직원들을 모아놓고 여러 방면으로 많은 노력 중이니 조금만 더 참아달라는 경영진의 호소는 전부 거짓말이었다. 뉴스에서만 보던 일이 나에게 일어날 줄은 상상도 못했다. 월급을 크게 올려 받는 조건으로 이직한 직장이었기 때문에 충격은 더 심했다. 소득이 끊기는 것에 대한 준비가 되어 있지 않았기 때문에 막막했다.

'현재 소득을 과신해서는 안 되는구나.'

월급쟁이인 나는 오늘 받은 월급을 다음 달에도 당연히 받을 것이라고 생각해서는 안 되었다. 언제라도 한순간에 사라질 수 있음을 깨달았다. 준비를 해야 했다. 누군가는 회사를 가리켜 '돈으로 묶여 있는 세상에서 가장 치사한 조직'이라고 말했다. 회사와 나는 오늘은 웃는 사이지만 언제든 차갑게 돌아설 수 있는 관계이다. 당장 내일 아침 출근하지 않아도 소득이 발생되는 방법을 찾아야 했다. 매달 월급을 받지 않아도 자산이 늘어나는 시스템을 만들어야 했다. 소득이 아니라 자산을 키우는 데 집중해야 했다.

임금체불 사건을 겪은 후로 생긴 버릇이 있다. 바로 '이번 달이 마지막일 수 있다'라는 마음으로 직장생활을 하는 것이다. 월급쟁이의 월급은 다음 달을 기약할 수 없다는 것을 경험했기 때문이다.

고소득에도 불구하고 2005년부터 부동산 투자를 10년 이상 해오고 있는 한 지인이 있다. 살벌한 사내 정치 문제로 언제 어디로 발령이 날지 모르는 불안한 환경 때문에 투자를 시작했다고 한다.

"신반포 8차 팔아서 잠실 장미 아파트를 사신 거죠?"

"잠원동은 좁아서 넓은 데를 찾다가 장미를 산 거지. 지금 와서 보면 괜히 팔았나 싶기도 하고 그래."

"개포 시영도 가지고 계시잖아요?"

"거기는 아직 재건축 공사 중인데, 몇 년 남았어."

"형님, 연봉이 얼마쯤 되세요? 한 1억 원 정도 돼요?"

"우리 쪽은 전문직 자격증이 있는 특수한 직종이라서 다른 곳보다 높은 편이야."

"아, 알겠으니까 액수만 딱 말해봐요."

"올해는 1억 2,000만 원인데, 세금이 많아서 실제로는 연봉 1억 원 하고 별 차이가 없어."

"1억 2,000만 원이요? 잠깐, 형님이 원천징수로 내는 세금이 제 연봉하고 비슷하겠는데요?"

"그런데 월급으로 매달 생활비하고 원리금 내면 남는 게 하나도 없어. 자산이 늘어난 건 모두 투자로 불린 셈이지. 회사에서 언제 잘릴지 몰라 조마조마하거든. 갑자기 월요일 아침에 지방으로 발령받는 사람들도 있었고. 미리 준비해놓지 않으면 나중에 힘들 거 같아서 부지런히 투자를 좀 했지."

높은 연봉에 전문직 자격증과 박사학위까지 있음에도 안전한 미래와 노후 준비를 위해서 꾸준한 투자를 하고 있던 것이다.

'근로소득의 크기는 중요하지 않구나. 월급을 이용해서 자산을 키우는 게 중요한 것이었어.'

당장 눈앞의 연봉을 5%, 10% 올리는 것에 집중하느라 자산을 키울 시간을 허비하지 말아야 한다. 근로소득이 사라질 때를 대비해서 나를 지켜줄 자산을 키워야 한다.

좋은 부동산을
보는 눈을
키울 것

07

계약 파기 소송까지 간
홍제동 아파트

"사장님, 8층 물건 아직 있어요?"

"아까 오전에 계약금이 들어갔는데, 계약이 깨질 거 같아."

"그게 무슨 뜻이에요?"

"계약금 보낸 매수자한테서 계약 파기한다고 연락이 왔거든."

"계약금이 얼마였는데요?"

"1,950만 원. 매도인은 계약금 안 돌려준다고 하고 매수인은 돌려달라고 하고 그러는 중이라서 조금 기다려봐야 할 거 같아."

"그럼 제가 산다고 하면서 계약금 보낸 사람한테 그 액수만큼 주면 되지 않을까요?"

"그럴래요? 그럼 일단 와서 집 한번 보고 얘기해요."

8층 물건이 1억 9,500만 원에 나온 것을 발견했다. 최근 실거래가는

4층 2억 3,000만 원이었다. 3,500만 원이 싼 급매였다. 게다가 층도 8층이다. 동향이지만 낮에는 출근하고 집에 없으니 상관없을 것 같았다.

'이 물건을 사는 순간 3,500만 원을 벌고 시작하는 거야.'

부동산 책을 많이 읽은 효과가 나오는 것 같았다. 100여 개의 아파트를 본 보람이 있었다. 사실 아파트를 많이는 보고 있었지만, 기준이 없었다. 집을 고르는 기준이 필요했다. 그래서 부동산 책을 읽기 시작했다. 책에서는 아파트를 구할 때 출퇴근을 우선적으로 고려하라고 했다. 나는 종로, 아내는 광화문으로 출근하고 있었다. 그래서 3호선 라인에서 찾기 시작했다. 독립문역, 무악재역, 홍제역 주변을 집중적으로 조사했다. 뭔가 체계가 잡히는 느낌이 들었다.

24평, 매매 2억 원, 전세 1억 원, 잔금 1억 원인 물건을 찾고 있었다. 역세권 아파트는 예산이 안 맞았다. 문화촌현대가 2억 원대 중반, 홍제원현대가 3억 원대 초반, 인왕산벽산 3억 원 그리고 홍제한양이 2억 원대 후반이었다. 철저하게 지하철역까지의 거리에 따라서 매매가격에 등급이 있었다. 지하철 역세권의 대단함을 느낄 수 있었다.

지도를 보다가 상명대 방향에 있는 한 아파트가 눈에 들어왔다. 매매시세가 놀라웠다. 24평이 1억 원 후반대였고, 28평은 2억 원대 초반이었다. 물론 싼 이유가 있을 것이다. 역시 홍제역에서 걸어서 15분가량 떨어져 있었다. 하지만 생각을 바꾸면 종로구에 가장 가까운 아파트였다. 역세권 대단지 홍제원현대보다 1억 원이나 싼데 평수는 오히려 더 넓었다.

부동산 책을 보면서 공부한 대로 주변에 학교가 있는지, 환경은 좋은지, 개발 호재는 있는지를 살펴봤다. 아파트 뒤로는 인왕중학교가 공사 중이었다. 주변에 초등학교도 3개 있었다. 하지만 근처에 고등학교가 없는 것은 아쉬웠다. 학군이 중요하다고 했다. 고등학교 입학에 맞춰 다른 동네로 이사를 간다면 결국 시세에도 영향을 줄 것 같았다. 실거주 수요가 중요하기 때문이다.

뉴스를 검색해봤다. 아파트 앞에는 홍제천이 있었는데, 이곳을 복구해서 한강까지 연결한다는 개발 계획을 발견했다. 또한 유진상가 주변은 균형발전촉진지구로 지정되어 있었다. 또 다른 균형발전촉진지구인 합정역 주변은 이미 공사에 들어갔고, 최고 130m에 이르는 주상복합 건물들이 들어선다고 했다. 홍제역 주변도 조만간 개발이 시작된다고 한다. 대형마트와 영화관이 들어올 것이라는 전망도 있었다.

그렇게 고른 집은 서대문구 홍제동 유원하나 아파트였다. 아파트를 고르는 합리적인 기준에 따라서 최선의 선택을 한 것 같았다.

8층 급매물을 확인하기 위해 퇴근하고 바로 달려갔다. 종로3가역에서 지하철 3호선으로 갈아타서 홍제역에서 내렸다. 회사에서 지하철로 6정거장이다. 종로3가역에서 갈아타는 데 좀 오래 걷기는 했지만 그래도 이 정도면 괜찮은 편이다. 아내도 경복궁역에서 지하철을 타면 3정거장 거리밖에 안 된다. 6분이면 지하철에 타서 빈자리 있나 한번 살짝 돌아보고 바로 내려야 할지도 모른다. 홍제역 2번 출구로 나와서 마을버스 정류장으로 갔다.

'오! KFC도 있고, 롯데리아도 있네. 완전 번화가네.'

퇴근하고 집에 갈 때 치킨을 사가지고 가는 내 모습이 그려졌다. 건물마다 한의원 간판이 있고, 큰 약국도 많았다. 전통시장도 있고, 뉴스에서 본 유진상가도 보였다. 마을버스 종점이 아파트 정문 앞이었다. 유진상가를 지날 때 차가 막혀서 20분도 넘게 걸렸다. 내부순환도로 진·출입로가 아파트로 가는 길 중간에 있어서 차량들이 뒤엉켜 있었기 때문이다.

저녁 7시가 넘어서 부동산 사장님을 만났다. 아파트 입구에서 8층 물건에 대한 설명을 듣고 집을 봤다. 28평인데 거실 폭이 무려 4m가 넘어서 30평대처럼 보였다. 방도 3개나 되고, 어두웠지만 베란다에서는 인왕산도 보였다. 같은 단지 24평 실거래가와 1,500만 원밖에 차이가 나지 않았다. 24평보다 28평을 사는 게 이익 같았다.

하지만 계약금을 넣은 매수인으로부터 계약 포기에 대한 확답을 받지 못했다. 사장님은 3층 물건도 있으니 한번 보라고 했다. 가격은 2억 3,000만 원. 정상 시세였다. 만기까지 1년 남은 세입자가 전세 1억 1,000만 원에 살고 있다고 했다. 여기까지 왔으니 보지 않을 이유는 없었다.

"여기 같은 동에 우리 아들이 살고 있거든. 최근 수리를 했으니 참고 삼아서 아들 집도 한번 보여드릴게요."

사장님을 따라 들어갔다. 며느리가 반갑게 맞이해줬다. 매끈한 싱크대 인조 대리석 상판 위에는 사장님 아들 부부가 직접 만들던 초콜릿이 놓여 있었다. 베란다를 확장해서 8층보다 훨씬 넓어 보였다. 이중 유리가 장착된 브랜드 섀시가 좋아 보였다. 지금 우리 집처럼 결로나 곰팡이는 없을 것 같았다. 안방에는 붙박이장도 설치되어 있었고, 움푹하게 들어간 욕실 천장은 공간을 더 넓어 보이게 했다.

그러고 나서 3층 집을 봤다. 수리가 전혀 안 된 기본 상태였다. 이상했다. 이 집에 인테리어 공사를 한 모습이 환하게 그려졌다. 기본 상태여서 수리하기에는 좋을 것 같다는 생각까지 들었다. 1,000만 원이면 싹 수리할 수 있다는 사장님 얘기도 귓가에 울렸다.

'이래서 일부러 수리된 집을 먼저 보여줬구나.'

시간도 늦었고, 더 기다려도 8층이 바로 해결될 것 같지 않아서 집으로 돌아왔다. 다음 날 오후가 되어서야 8층 매수인이 다시 계약을 진행하기로 했다는 실망스러운 전화를 받았다.

직장도 가깝고, 가격 대비 넓은 평수에 개발 호재도 있어 보이는 아파트였다. 내부순환도로와 떨어져 있어서 고가도로 소음도 없는 동이었다. 무엇보다도 우리가 정한 예산에 딱 맞았다. 급매는 아니었지만

■ 부동산 매매 계약서

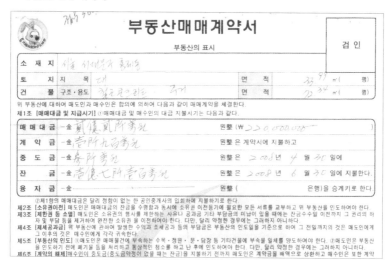

3층이라도 잡고 싶었다. 수리비 명목으로 500만 원이 조정되었고, 매도인을 만나서 계약서를 작성하는 과정에서 500만 원을 더 깎았다. 결국 2억 2,000만 원으로 계약서에 도장을 찍었다. 첫 집이었다. 그것도 아파트를 샀다. 결혼 1년 만에 서울 아파트를 샀다. 29세였다. 세입자가 이사 가는 1년 후에는 저 멋진 아파트에서 KFC 치킨을 먹을 수 있는 것이다.

그런데 첫 집이라서 그랬을까. 문제가 발생하기 시작했다.

매도인으로부터 갑작스럽게 전화가 왔다. 전화번호가 뜬 순간부터 기분이 싸했다. 다른 곳에 투자할 아파트가 있는데 계약금이 필요하게 되었다고 한다. 그래서 중도금을 계약서 날짜보다 일찍 준비해달라고 했다. 뭐, 어차피 줄 돈이니 알겠다고 했다. 8년 된 청약부금을 해지하고 신용대출까지 동원해서 중도금을 송금했다. 그런데 며칠 후 부동산 사장님의 연락을 받았다. 중도금까지 받은 매도인이 계약을 해지하겠다는 통보를 했다는 것이다.

"뭐라고요? 계약을 해지한다고요?"
"글쎄, 그렇다네. 매도인이 이 집을 팔고 다른 아파트를 사려고 했는데 그걸 놓쳤나 봐."
"저번에 그렇게 한다고 해서 중도금도 보냈잖아요."

"그 사이에 이 집도 시세가 올랐다고 주위에서 팔지 말라고 그랬대."

"계약한 지 얼마나 됐다고…. 오르긴 뭐가 올라요."

"그래도 계약금과 위약금으로 4,000만 원 돌려준다고 하니, 어서 계좌번호 알려줘요."

그러면서 당사자들 간의 사유로 계약이 해지되었으니 중개 수수료는 받아야 한다는 말까지 덧붙였다.

책에서도 봤고, 인터넷에서도 본 적이 있다. 중도금 수령 전까지 매도인은 계약금 배액을 위약금으로 지급하면 계약을 해지할 수 있다. 그런데 중도금을 받아놓고서는, 그것도 본인이 달라고 해서 줬는데 계약을 해지하겠다니.

■ 계약 해지 근거 법령

민법 제565조(해약금) ① 매매의 당사자 일방이 계약당시에 금전 기타 물건을 계약금, 보증금 등의 명목으로 상대방에게 교부한 때에는 당사자 간에 다른 약정이 없는 한 당사자의 일방이 이행에 착수할 때까지 교부자는 이를 포기하고 수령자는 그 배액을 상환하여 매매계약을 해제할 수 있다.

이대로 해지하면 위약금은 받게 되지만, 아파트는 놓치게 된다. 청약 부금도 이미 해지했다. 혹시나 해서 다른 매물을 찾아봤다. 매매 호가는 진짜 올랐다. 물어준다는 위약금 1,800만 원 이상으로 올랐다. 그럴

수 없었다. 그래서 안 된다고 했다. 그랬더니 법원에 공탁할 테니 찾아가라고 했다. 부동산 관련된 법을 검색해서 유사한 사례의 대법원 판례를 찾았다. 내용증명으로는 통하지 않았고, 오히려 공탁통지서가 날아왔다.

■ 대법원 판결 요지

소유권이전등기 [대법원 2006. 2. 10. 선고, 2004다11599, 판결]

【판시사항】
[1] 민법 제565조에서 해제권 행사의 시기를 당사자의 일방이 이행에 착수할 때까지로 제한한 취지 및 이행기의 약정이 있는 경우, 이행기 전에 이행에 착수할 수 있는지 여부(한정 적극) [2] 매매계약의 체결 이후 시가 상승이 예상되자 매도인이 구두로 구체적인 금액의 제시 없이 매매대금의 증액요청을 하였고, 매수인은 이에 대하여 확답하지 않은 상태에서 중도금을 이행기 전에 제공하였는데, 그 이후 매도인이 계약금의 배액을 공탁하여 해제권을 행사한 사안에서, 시가 상승만으로 매매계약의 기초적 사실관계가 변경되었다고 볼 수 없고, 이행기 전의 이행의 착수가 허용되어서는 안 될 만한 불가피한 사정이 있는 것도 아니므로 매도인은 위의 해제권을 행사할 수 없다고 한 원심의 판단을 수긍한 사례

【판결요지】
[1] 민법 제565조가 해제권 행사의 시기를 당사자의 일방이 이행에 착수할 때까지로 제한한 것은 당사자의 일방이 이미 이행에 착수한 때에는 그 당사자는 그에 필요한 비용을 지출하였을 것이고, 또 그 당사자는 계약이 이행될 것으로 기대하고 있는데 만일 이러한 단계에서 상대방으로부터 계약이 해제된다면 예측하지 못한 손해를 입게 될 우려가 있으므로 이를 방지하고자 함에 있고, 이행기의 약정이 있는 경우라 하더라도 당사자가 채무의 이행기 전에는 착수하지 아니하기로 하는 특약을 하는 등 특별한 사정이 없는 한 이행기 전에 이행에 착수할 수 있다. [2] 매매계약의 체결 이후 시가 상승이 예상되자 매도인이 구두로 구체적인 금액의 제시 없이 매매대금의 증액요청을 하였고, 매수인은 이에 대하여 확답하지 않은 상태에서 중도금을 이행기 전에 제공하였는데, 그 이후 매도인이 계약금의 배액을 공탁하여 해제권을 행사한 사안에서, 시가 상승만으로 매매계약의 기초적 사실관계가 변경되었다고 볼 수 없어 '매도인을 당초의 계약에 구속시키는 것이 특히 불공평하다'거나 '매수인에게 계약내용 변경요청의 상당성이 인정된다'고 할 수 없고, 이행기 전의 이행의 착수가 허용되어서는 안 될 만한 불가피한 사정이 있는 것도 아니므로 매도인은 위의 해제권을 행사할 수 없다고 한 원심의 판단을 수긍한 사례.

결국 변호사를 선임했다. 수임료는 현금으로 420만 원 선불이었다. 우선 부동산처분금지가처분 신청을 해서 제3자에게 매매할 수 없게 막았다. 이어서 소유권이전등기절차이행청구 소송을 시작했다. 전화통화 녹취록, 탄원서, 사실증명서도 잔뜩 제출했다.

■ 소장과 담보제공명령서

직장을 다니면서 신혼생활에 재판까지 하려니 힘에 부쳤다. 스트레스가 최고조에 이를 때쯤 법원으로부터 합의할 것을 제안받았다. 집을 되찾아야 한다는 생각에 결국 합의금으로 1,000만 원을 내줬다. 합의서에 도장을 찍던 매도인과 상대편 변호사 표정은 아직까지도 잊히지 않는다. 첫 계약서를 쓴 지 6개월이 지나서야 소유권을 넘겨받게 되었다.

'그냥 계약 파기하고 위약금이나 받을 걸 괜히 소송까지 했나.'

이 생각은 12년이 지난 지금도 하고 있다.

첫 아파트로 이사하는 것과 동시에 담보대출 7,000만 원과 신용대출 등 1억 원의 대출 노예 생활이 시작되었다. 우리 부부가 5년 동안 저축해야 모을 수 있는 돈을 빌린 것이다. 담보대출 이자율은 8%에 이르렀고 신용대출은 12%였다. 대출 이자는 매달 나가고 있었지만 괜찮았다. 생각보다 대출 있는 삶이 숨 막히지는 않았다. 오히려 돈을 버는 것 같았다. 아파트 시세가 오르고 있었기 때문이다. 등기가 완료되었을 때에는 이미 2억 6,000만 원에 거래가 이뤄졌고, 2억 8,000만 원 매물도 등장했다. 조금만 더 있으면 3억 원까지 상승할 것 같은 기세였다. 월급과 비교하면 매우 큰 수익이었다.

'역시 펀드와 보험에 가입하지 않길 잘했어!'

당시 직원들 사이에서 유행하던 게 있다. 차이나펀드, 브릭스펀드, 변액보험이다. 증권사와 보험사에서 회사까지 방문해서 설명회를 했다. 하지만 나는 펀드에 가입하지 않았고, 그 이유는 한 가지였다. 원금 보장이 되지 않기 때문이다. 변액보험의 경우에는 높은 사업비로 인해서 원금 회복까지 긴 시간이 걸리는 부분이 마음에 들지 않았다. 절대로 원금을 잃지 않는 투자를 하고 싶었다. 내 노후를 보험사에 맡기고 싶지는 않았다.

홍제역 KFC 앞에서 마을버스를 기다릴 때마다 아내에게 이렇게 얘기했다.

"이 마을버스가 우리 돈을 벌어주고 있는 거야."

"왜?"

"여기 홍제역 근처보다 우리 집이 1억 원이나 싸잖아."

"대신에 매일 이렇게 마을버스를 기다려야 하잖아. 걸어가면 20분이나 걸리고."

"매일 택시 타고 출퇴근해도 한 달에 10만 원, 1년에 120만 원, 10년이면 1,200만 원밖에 안 해. 10년 동안 1,200만 원만 내면 역세권 아파트와 우리 집이랑 같아지는 거지. 오히려 우리 집이 더 크잖아. 그런데 우리는 1억 원이나 싸게 샀으니 훨씬 이익인 셈이지."

"오, 진짜 그러네? 그럼 이제 매일 택시 타고 다녀도 되지?"

"저기 버스 온다!"

집주인이 된 후에는 매주 KB부동산 시세를 확인하는 취미가 생겼다. 처음 매수 계약서를 작성한 지 1년밖에 안 되었는데 시세는 6,000만 원 가까이 올랐다. 신혼 때 아내의 말을 듣고 더 일찍 아파트를 샀더라면 좋았을 텐데.

1년 만에 그 생각을 바꾸게 된 것도 다행이었다. 어쩌면 더 오랜 시간 그 생각을 바꾸지 못하는 사람도 있을 것이기 때문이다. 이제는 아파트라는 파이프라인이 나를 대신해서 자산을 불려줄 것이다.

'그런데 1주택은 의미가 없는 거 아닌가? 우리 집도 오르고 옆집도 오르면 그게 그건데?'

실거래가를 확인해보니 역시 그랬다. 24평도 올랐고, 28평도 올랐고, 32평은 더 올랐다. 32평으로 이사를 가려면 1년 전보다 더 많은 돈이 필요했다. 그럼 방법은 한 가지다. 아파트를 2개, 3개, 4개로 늘리면 된다. 만약 내 아파트가 2개였다면 1억 2,000만 원, 3개였다면 1억 8,000만 원을 벌었을 것이다. 아파트가 여러 개면 오르는 시세를 다 내 것으로 만들 수 있겠다는 생각이 들었다. 뭔가 생각이 트인 것 같았다. 가슴이 뛰기 시작했다. 아무도 가르쳐주지 않았던 비밀을 알게 된 것 같았다.

집을 사기 전에는 두려운 대상이었던 대출도 이제 두렵지 않았다. 주택담보대출만큼 좋은 제도는 없는 것 같았다. 큰돈을 당장 사용할 수 있도록 해주기 때문이다. 대출 이자라는 약간의 수수료만 내면 된다. 물론 투자이기 때문에 실패할 수도 있다. 시세가 떨어질 수도 있다. 그런데 이런 생각이 들었다.

'주식은 망하면 휴짓조각이 되지만, 집은 내가 들어가서 살면 되잖아?'

아파트는 안전할 것 같았다. 아파트가 0원이 되었다는 말은 들어보지 못했다. 투자에 자신감이 생겼고, 금방 부자가 될 것 같았다. 이삿짐이 정리되기도 전에 두 번째 투자처를 찾기 시작했다.

08

푼돈을 모으면
푼돈이 되더라

어느 흑인 해방 운동가처럼 나에게도 꿈이 있었다. 언젠가 젊은 부자가 되어 메뉴 가격을 보지 않고 식당에 들어가고, 월급을 위해 직장 상사 눈치를 보지 않아도 되고, 평생 돈 걱정 없이 살게 될 날이 올 것이라는 꿈이었다. 영화 〈쇼생크 탈출〉의 주인공 앤디는 '희망은 우리를 자유롭게 해준다'고 말했다. 나의 이런 확고한 꿈은 현실에서의 궁핍함을 대수롭지 않게 만들어주었다. 하지만 아내는 이런 환경 변화에 힘들어하고 있었다.

"왜 울어?"

"맨날 마트 비닐봉투 20원, 50원 아끼려고 이렇게 주섬주섬 들고 가고, 더운데도 집에서 에어컨도 못 켜고, 해외여행 한 번도 못 가고, 차 유리는 손잡이 잡고 돌려야 하고… 이게 뭐야."

하루는 퇴근하고 집에 가는 길에 그동안 쌓였던 서러움이 폭발한 아내는 염리동 언덕에 주저앉아서 울기 시작했다.

"젊을 때 잠깐 고생해도 나중에 편하게 사는 게 더 낫잖아. 지금 버는 대로 다 쓰면 100살까지 일해야 될지도 몰라서 그렇지. 돈이 없어서 아껴 쓰는 게 아닌 거 알잖아. 마음만 먹으면 얼마든지 쓸 수 있어."
"나도 아는데, 숨이 막혀서 그래. 어떨 때는 남들처럼 살고 싶어. 맛있는 것도 사먹고, 좋은 데 놀러 가고, 사고 싶은 것도 사면서 말이야."

신혼 초부터 부동산 투자를 시작했기 때문에 한 푼이라도 더 아껴야 했다. 맞벌이 월급의 대부분을 원리금으로 내고 있었기 때문이다. 원리금을 내고 나머지 돈으로 생활을 하려면 돈이 빠져나가는 구멍들을 막아야 했다. 재테크는 푼돈을 모으기 시작하는 것으로부터 시작된다고 믿었다.

원금 손실이 발생할 수 있는 주식과 펀드는 멀리했다. 보험도 실비보험 이외에는 대부분 해지했다. 응급 상황이 아니면 택시도 타지 않았다. 집에는 인터넷과 케이블TV를 설치하지도 않았고, 지상파 5개 채널만 봤다. 렌털 제품은 당연히 사용하지 않았다.

"이 휴대폰 모델 이번에 무료로 풀렸는데, 약정 기간이 2년이야."

"그럼 이번 기회에 바꾸자. 지금 휴대폰은 배터리가 금방 닳아서 오래 못 쓸 거 같아."

"데이터 최저 요금제로 신청하면 되겠어."

"1.5기가로 하라고? 데이터 부족하지 않아?"

"월 5,000원이면 매월 데이터 11기가를 쓸 수 있거든. 신용카드만 한 크기의 휴대용 기계인데 그걸로 와이파이를 설정하면 돼. 기계 값도 무료래. 이걸로 와이파이 잡아서 같이 쓰면 되지."

휴대폰은 구형 모델이 무료로 풀릴 때 바꿨다. 회사에서 멀쩡한 노란색 사무용 책상과 서랍장을 버린다고 해서 집으로 싣고 오기도 했다. 외식비용도 줄였다. 저녁 식사는 특별한 일이 아니면 최대한 집에서 먹었다. 퇴근하고 아파트를 보러 가도 저녁은 집에 와서 먹었다. 회사에서 사먹는 점심값도 줄였다. 아침에 30분 일찍 일어나서 아내와 내가 가져갈 도시락을 쌌다. 건강에도 좋고 돈도 아낄 수 있으니 좋았다.

금융상품을 이용한 재테크에도 도전했다. 다른 사람들처럼 월급통장도 쪼개보고, 체크카드도 사용해보고, HSBC은행 CMA 통장도 만들었다. 수입이 적어서 적금통장까지 풍차 돌리기를 하는 건 무리였다. 하지만 이런 방식의 재테크는 오래 가지 못했다. 이자율이 떨어지고 있었기 때문이다.

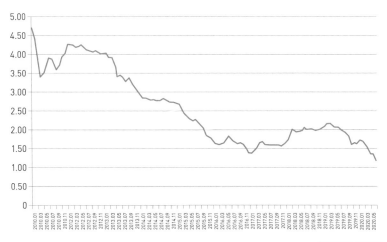

■ 2010년 1월~2020년 5월, 2년 미만 정기예금 금리(단위: %)

출처: 통계청, 한국은행

  푼돈을 모으기 위해 소비 전략도 바꿨다. 소비 대상의 목적에만 집중하는 것이었다. 청소기는 먼지만 잘 빨아들이면 됐다. 가방은 물건만 담으면 됐다. 차는 굴러가기만 하면 됐다. 디자인, 브랜드, 추가 기능, 유행 등은 중요하지 않았다. 오직 가성비만 따졌다.

  그럼에도 불구하고 때로는 달콤한 소비의 유혹에 갈등할 때가 있었다. 그럴 땐 중복 투자를 피하는 것을 원칙으로 했다. 꼭 사고 싶지만 가격이 부담되면 시간이 오래 걸리더라도 그것을 살 수 있을 때까지 기다리는 것이다. 가격이 싼 대체품도 비슷한 만족감을 줬다. 하지만 잠시뿐이었다. 결국 처음에 사고 싶었던 제품을 사게 되는 경우가 여러 번 발생했기 때문이다. 연비만큼은 에쿠스 부럽지 않았고 엔진 소리는 슈퍼카 못지않던 초록색 엑센트도 그런 이유로 10년 넘도록 바꾸지 못하고 있었다. 예산에 맞춰 아반떼를 사고, 소나타로 바꾸고, 결국 그랜저를 사는 과정은 나에겐 중복 투자였다.

중복 투자를 피하는 것은 부동산 투자에도 적용되었다. 지인 중에 충분히 아파트를 매수할 수 있음에도 전세로 들어가는 경우를 봤다. 그 이유를 물으니 이렇게 말했다.

"일단 전세로 살아보고 집이 좋으면 그때 사려고."

하지만 이사비용, 중개 수수료, 청소비, 에어컨 설치비 등 직접적인 중복 비용뿐만 아니라, 또 다시 집을 알아보는 수고와 스트레스 등 간접적인 비용까지 감안한다면 손해가 이만저만이 아니다. 물론 집값이 떨어질 때를 대비해서 전세로 지냄으로써 손실에 대한 리스크를 피할 목적도 있을 것이다. 하지만 이것은 반쪽짜리 전략이다. 집값이 오를 때 상대적 자산 손해에 대한 대비는 전혀 되지 않기 때문이다.

하지만 이렇게 줄이고, 아끼고, 모았는데 내가 원하는 10억, 20억 원은 쉽게 모이지 않았다. 푼돈을 모아서 목돈을 만들 수는 없었다. 푼돈을 모으면 목돈이 될 것이라는 생각은 착각에 불과했다.

부동산 투자를 계속하면서 중요한 사실 한 가지를 알게 되었다. 푼돈을 모으면 목돈이 되지는 않지만 검소한 습관을 몸에 익힐 수 있다. 푼돈을 모으는 것의 훌륭한 점이 바로 이것이다. 몸에 익힌 검소한 습관은 비록 눈앞에 목돈을 가져다주지는 않지만 목돈이 빠져나가는 것을 막아주는 힘을 가지고 있다. 그리고 그 힘이 투자를 만났을 때 놀라운 시너지 효과를 만들어낸다.

'베버-페히너의 법칙'이 있다. 한마디로 자극이 커질수록 감각이 둔해지게 된다는 원리이다. 예를 들어, 한파가 계속되는 겨울에 외부 기온이 0도에서 3도로 올라가면 그 기온 차이를 확연히 느낄 수 있다. 하지만 사우나의 내부 온도가 40도에서 43도로 올라가면 기온 차이를 거의 느끼지 못한다.

 베버-페히너의 법칙

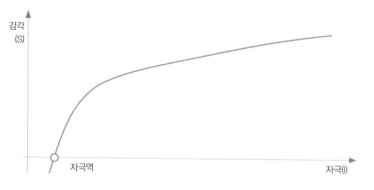

이와 같은 현상은 일상생활에서도 동일하게 일어난다. 7만 원이던

에센스가 10만 원으로 인상되면 체감 인상률은 3만 원 이상으로 느껴진다. 아무리 프랑스 수입 제품이라지만 어떻게 하루아침에 3만 원이나 오를 수 있는지를 생각하면 억울한 생각마저 든다. 하지만 5,000만 원짜리 자동차를 구입할 때 추가 옵션 30만 원 정도는 아무렇지도 않다. 푼돈으로 보인다. 마치 3만 원처럼 느껴진다. 30만 원은 3만 원보다 10배가 많은 금액이지만 5,000만 원이라는 더 큰 자극이 우리의 감각을 둔하게 만들기 때문이다.

부동산 투자는 자동차 구매와는 비교가 되지 않는 큰 금액이 필요하다. 따라서 돈에 대한 우리의 감각을 더욱 둔하게 만든다. 부동산 투자를 하다 보면 100만 원이 1만 원으로, 1,000만 원이 마치 10만 원쯤으로 착각하게 되는 순간들이 많이 발생한다.

"금리가 더 싼 대출 상품으로 갈아타려면 은행도 다시 알아봐야 하는데 뭘 귀찮게 그러세요?"

"집주인이 뭘 그런 걸 직접 하려고 해요? 인테리어는 그냥 동네 업체에 맡기세요."

"언제 팔지도 모르는데 번거롭게 임대사업자 등록을 왜 하려고? 세금 뭐 얼마 나오겠어?"

푼돈을 모으는 습관은 바로 이런 순간에 작동한다. 평소 꾸준하게 연습한 푼돈 모으는 습관은 재테크 초기에 수년간 모은 전 재산 1,000만 원과 100억 원 자산가가 된 이후의 1,000만 원을 여전히 똑같은 1,000만 원으로 볼 수 있게 해준다.

나는 여러 번의 대출 상품 갈아타기를 통해서 대출 이자만 2,000만 원 이상 아낄 수 있었다. 두 번의 인테리어 공사를 할 때, 토털 인테리어 업체에 맡기지 않고 모두 방산시장과 인터넷을 이용해서 3,000만 원 이상을 절감하기도 했다. 임대사업자 등록을 통해 취득세 3,300만 원을 아꼈고, 재산세를 매년 600만 원 이상 덜 내고 있다.

푼돈을 아끼는 습관이 몸에 배어 있으면 돈이 새는 구멍에 예리한 관심이 생긴다. 돈을 모으는 것이 얼마나 힘든 일인지 몸이 먼저 알기 때문이다. 그 결과 목돈을 지킬 수 있는 방법을 고안해내게 된다.

09

싸다고 급매는 아니다,
홍은동 1층 매물

싸늘하다. 집주인의 차가운 말투가 가슴에 내리꽂힌다. 작은 테이블을 사이에 두고 팽팽한 신경전을 벌이고 있는 이 순간, 부동산 사장님마저 집주인 편으로 돌아선 듯하다. 도와달라는 내 눈빛을 분명히 본 것 같은데 사장님은 정수기 앞에서 믹스 커피만 타고 있다.

수많은 매물을 봤고, 계약 직전까지 협상도 많이 했다. 이제는 부동산에 전화해서 몇 마디만 하면 오히려 나에게 이렇게 묻는다.

"실례지만 어디신데요? 부동산이세요?"

부동산 내공을 쌓았다고 생각했다. 집도 안 보고 당장 계약금을 보낼 것처럼 얘기하면서 일단 500만 원은 깎고 시작했었다. 집을 본 후에는 이러저런 이유를 대면서 수리비용 명목으로 1,000만 원 정도는 추가로 깎는 게 가능했었다. 거래 성사를 눈앞에 둔 상기된 표정의 부동산 실장님들의 심리를 흔드는 데에도 자신이 있었다.

그런데 이번 매도인은 달랐다. 빈틈이 없다. 아쉬운 표정 하나 없이 거절했다.

"그럼 500만 원만 깎아주세요. 세입자가 있어서 입주하려면 1년은 기다려야 하잖아요. 사장님, 원래 전세 낀 물건이 좀 싸지 않나요?"

"안 됩니다. 아시겠지만 지금 이게 최저가 매물일 겁니다."

"아까 보니까 싱크대 문짝도 너덜너덜하고 베란다 난간도 떨어져 있던데, 수리 좀 하게 그럼 딱 300만 원만 빼주세요. 바로 계약금 보내드릴게요. 계좌번호 적어주세요."

"안 됩니다. 베란다 난간 파이프는 관리실에 얘기해서 용접해달라고 하면 해결되는 문제이고요."

"저희가 정말 돈이 없어서 그래요. 100만 원도 안 되나요?"

"저기, 죄송하지만 한 번만 더 깎아달라고 하시면 그냥 일어나서 집에 올라갈 겁니다."

'뭐라고? 집에 올라가시든지 내려가시든지 마음대로 하세요.'

이미 기분이 상했다. 2억 원짜리 거래이니 100만 원 정도는 서로 기분 좋게 빼줄 수도 있는 금액일 텐데 꿈쩍도 안 했다.

내 눈치를 보면서 부동산 사장님이 건넨 믹스 커피를 마시며 잠시 생각했다. 1층이기는 하지만 2억 1,500만 원이면 싼 것 같았다. 전세가 1억 1,000만 원이니 1억 500만 원이면 살 수 있는 물건이다. 마지막으로 거래된 1층 실거래가는 1억 8,500만 원이었다. 그 당시 로열층은 3,000만 원 정도 더 비쌌다. 현재 실거래 최고가는 2억 8,900만 원이고, 남향 로열층 물건의 호가는 3억 원이다. 그렇다면 1층의 시세는 2억 6,000만 원 정도면 적정한 것으로 보였다. 게다가 홍은벽산 아파트다. 브랜드 있는 1,500세대 대단지, 이 동네 대장 아파트다. 유원하나 아파트를 살 때 여기는 비싸서 포기했었다. 홍은동에 계획된 재개발만 10여 개에 이르렀다. 머지않아 대규모 아파트 밀집지역으로 바뀔 것이었다. 홍제역과 벽산 아파트 앞을 지나서 상명대로 향하는 경전철 계획 뉴스도 본 기억이 난다. 유진상가 개발이나 홍제천 복원 계획은 이미 잘 알고 있었다.

무엇보다 다주택자에 대해서 한시적으로 양도세를 완화하는 특례법이 생겼다. 2009년 3월 16일부터 2012년 12월 31일까지 취득한 물건에 대해서는 추후에 언제 매도하더라도 양도세를 중과하지 않고 일반세율을 적용하겠다는 것이다. 정부에서도 이번 내 투자를 밀어주고 있는 느낌이었다. 기분은 좀 그랬지만 계약을 포기할 수는 없었다. 계약 초기부터 한 수 접고 들어가는 기분이 싫었을 뿐이다.

■ **양도세 특례 법령**

소득세법 부칙 법률 제9270호, 2018.12.26

제14조(양도소득세의 세율 등에 관한 특례) ① 2009년 3월 16일부터 2012년 12월 31일까지 취득한 자산을 양도함으로써 발생하는 소득에 대하여는 제104조제1항제4호부터 제9호까지의 규정에도 불구하고 같은 항 제1호에 따른 세율(그 보유기간이 2년 미만이면 같은 항 제2호 또는 제3호에 따른 세율)을 적용한다.

두 번째 투자는 전부 대출로 진행할 생각이었다. 4대 보험이 적용되는 직장을 다녀서 그런지 대출은 잘 나왔다. 선순위 대출 7,000만 원이 잡혀 있는 유원하나 아파트를 담보로 추가 대출 6,600만 원을 받았다. 그리고 홍은벽산 아파트에는 전세가 들어 있음에도 불구하고 후순위로 3,700만 원의 대출이 나왔다. 서류 몇 장으로 1억 300만 원을 준비했다. 결혼한 지 2년 만에 벌써 서울 아파트 2채가 생겼다. 이제 시작이다. 아파트 시세가 오르면 이제는 2배의 수익이 생기는 것이다. 시세가 5,000만 원이 오르면 내 수익은 2배인 1억 원이 되는 것이다. 금방 부자가 될 것 같았다.

첫 아파트에서 잔금일을 길게 잡았다가 소송까지 간 경험 때문에 이번에는 한 달 만에 잔금까지 끝냈다. 2009년 4월에 계약서를 쓰고

■ 부동산 매매 계약서

5월 초에 등기까지 완료했다. 7월에 재산세 고지서를 받고 나서야 잔금 날짜를 빨리 잡자는 내 제안에 매도인이 왜 미소를 보였는지 이해했다. 재산세는 6월 1일 기준으로 부과되는 것을 매도인과 부동산 사장님은 분명히 알고 있었을 것이다. 그러면서도 한마디 언급도 안 하다니, 나는 아직 초보였다. 아파트 2채를 소유하게 되었다고 부동산 내공이 2배가 된 것은 아니었다.

마포구 염리동에서 서대문구 홍제동으로 이사온 지 3개월 만에 대출이 1억 원에서 2억 원으로 늘어났다. 350만 원도 안 되는 맞벌이 월급의 상당 부분을 대출 원리금으로 내야 했지만 괜찮았다. 대출 이자만큼 높은 수익률을 가져다주는 건 없어 보였기 때문이다. 또한 인플레이션으로 인해서 시간이 지날수록 대출 원금의 가치는 줄어들 것이다. 매년 3%의 인플레이션이 발생하면 2억 원의 가치는 10년 후 1억 5,000만 원도 되지 않는다. 대출 이자를 내고는 있지만 동시에 돈을 벌고 있는 것이었다. 여기에 아파트 시세까지 동시에 올라주면 최고의 투자가 따로 없었다.

부동산 투자를 시작하기 전에 주식 투자를 시도해본 적이 있었다. 대치동 작은 사무실에서 근무할 때였다. 점심시간마다 전 직원 5명 가운데 3명이, 그것도 회사 대표, 팀장, 과장이 컴퓨터로 주식 차트를 보고 있었다. 뭔가를 사고팔고, 몇 분 사이에 수익이 났다며 환호를 지르는 모습에 매혹되었다.

"욕심 부리지 말고 자네도 하루에 10만 원씩만 벌어봐."

달콤한 속삭임에 넘어갔다. 증권사 지점까지 나를 데리고 가서 주식계좌 개설을 도와줬다. 계좌만 만들었는데도 재테크를 하는 느낌이었다. 50만 원을 계좌에 넣고 시작했다. 갑자기 세계 경제를 걱정해야 하는 책임감이 몰려들었고, 어느새 기업 분석 전문가가 된 기분이었다.

'하루에 딱 10만 원씩만 벌자. 매달 180만 원 월급만큼만 벌면 되는 거야.'

꿈에 부풀었다. 중국으로부터 오는 화물선을 한강에 띄우겠다는 회사의 주식도 사보고, 국내 SF영화가 미국에 진출한다고 해서 관련 주식을 샀다. 처음 듣는 IT 기업과 유명 아파트를 짓는 건설사의 주식을 사보기도 했다.

딱 일주일 만에 40만 원을 잃었다.

주식 투자를 했던 그 일주일은 마치 도박에 중독된 것 같았다. 실시간으로 오르고 내리는 가격과 그래프를 보고 있자니 아무것도 손에 잡히지 않았다. 100원만 올라도 세상 더 없이 기뻤고, 50원만 내려도 가슴이 철렁 내려앉았다. 내가 사기만 하면 내리고, 손해를 보면서 팔면 바로 올랐다. 거래 수수료만 계속 나가고 있었다. 증권사에서 내 계좌를 훔쳐보고 있다가 일부러 골탕 먹이는 것 같았다.

만약 이때 원금 50만 원이 500만 원이 되고 5,000만 원이 되었다면 계속 주식 투자만 했을 것이다. 그러면 지금쯤 크게 잃어서 빚만 남았거나 잘해야 용돈 정도 버는 수준에 머물렀을 것이다. 다행히도 80%의 원금 손실 경험은 지금까지도 주식을 쳐다보지 않게 해주었다.

그렇게 두 번째 아파트 등기까지 완료하고 1년 후인 2010년 봄에 기존 임차임과 전세 재계약을 했다. 보증금 3,000만 원을 올리는 대신에 너덜너덜한 문짝이 겨우 매달려 있는 싱크대를 교체해주었다. 새로운 세입자를 구했다면 부동산 중개 수수료로 지출했을 돈인데, 그 돈으로 싱크대를 바꿔주기로 한 것이다. 내 아파트에 대한 투자라고 생각했다. 새 싱크대가 2년 만에 그렇게 또 망가질 줄은 몰랐다. 역시 세입자는 내 맘 같지 않았다. 2년 후에도, 그리고 다시 2년 후에도 전세 보증금을 2,000만 원씩 올려 받았다. 5년 사이에 전세 보증금 인상분으로 총 7,000만 원을 회수했다.

아쉽게도 기대했던 주변 개발은 순조롭게 진행되지 않았다. 건물 외벽에 화려한 조감도가 잠시 걸리기는 했다. 하지만 유진상가는 여전히 예전 모습 그대로를 유지하고 있었다. 주변 재개발은 기약이 없었다. 매매 시세 역시 큰 변동이 없었다. 1층 거래는 2010년 2억 3,250만 원 이후 5년 동안 1건도 없었다.

집에 가는 길에 벽산 아파트가 보일 때마다 아내와 마을버스에서 대책 회의를 했다.

"합정동 균촉지구(균형개발촉진지구)도 내가 중학교 다닐 때는 아무것도 아니었거든. 지금은 자이 건물 엄청 높게 짓고 있던데, 여기는 왜 이러는지 모르겠네."

"고층 건물을 짓는 개발이 쉽지 않은가 봐."

"여기도 48층 건물 생기고 마트와 영화관이 들어오면 3억 원도 넘을 텐데 말이야."

"이렇게 작은 개발 말고 용산이나 상암동같이 큰 개발 주변에 투자해야 하나 봐."

"역시 싸다고 급매는 아니었어."

"그래, 투자로는 비싸더라도 좋은 물건을 사는 게 맞는 거 같아."

"저층을 사놓고서 그동안 로열층 시세를 우리 자산으로 착각하고 있었네."

"그런데 이거 언제 팔 거야?"

"전세가 올라서 투자금을 계속 회수하고 있으니까 조금 더 있어 보자. 당장 팔 이유도 없잖아."

2년마다 전세금을 올려 받고, 그 돈으로 다음 투자를 준비할 수 있었기 때문에 조금 더 버티면서 기회를 보기로 했다. 그때는 알지 못했다. 그렇게 전세금으로 계속 이어나간 투자들이 모여 어떤 놀라운 결과를 가져올지를 말이다.

10

자산은 2주택부터
불어난다

처음이 어렵지 두 번째부터는 쉽다고 했다. 부동산 투자가 그랬다. 첫 아파트에서의 긍정적인 경험은 부동산 투자에 대한 확신과 자신감을 키웠다. 게다가 아파트 투자는 바쁜 직장인이 할 수 있는 최적의 투자였다. 틈틈이 매물 조사를 하고, 퇴근해서 계약하고, 부동산에 전세를 내놓으면 끝이었다. 월급은 적었지만 재직증명서가 있으니 은행 대출도 어렵지 않게 받을 수 있었다. 아파트 시세가 오르면서 대출 가능 금액도 늘어났기 때문에 추가 대출도 가능했다.

젊은 부자가 되기 위해서는 자산을 키우는 속도가 빨라야 했다. 내가 선택한 결정은 다주택자가 되는 것이었다. 아파트가 1채일 때보다 2채가 되면 자산이 커지는 속도가 2배가 될 것이고, 3채가 되면 3배가 될 것이기 때문이다. 2008년 1주택으로 시작해서 2009년 2주택,

2010년 3주택, 2015년에는 5채의 아파트를 소유하게 되었다.

"오빠는 응용력이 대단한 거 같아. 나는 우리가 살 집 하나만 있으면 해서 신혼 초기에 하안동 아파트 얘기를 한 건데. 오빠는 이제 아파트로 투자를 하고 있잖아."

"1채만 있으면 아무 이득이 없으니까 그렇지. 우리 집도 오르고 옆집도 오르면 그게 그거잖아. 경매로 지방 빌라들만 사는 전업 투자자야 뭐 50채, 100채도 가지고 있겠지만, 그래도 회사 다니면서 이 정도면 우리도 열심히 하기는 했어."

"그런데 이러다가 아파트 값이 폭락하면 망하는 거 아냐?"

'과연 아파트 값이 폭락할까? 지금보다 절반 이하로 떨어질 가능성이 있을까?'

당시에는 부동산 대폭락 예언이 유행하고 있었다. 넘치는 입주 물량과 가계부채 그리고 금리 인상 등의 이유로 몇 년 안에 부동산이 폭락한다는 것이었다. 뉴스에서는 나처럼 대출이 많은 주택 소유자들을 '하우스 푸어'라고 부르기도 했다.

하지만 내게는 하락할 이유가 보이지 않았다. 막대한 통화량 증가로 인한 물가 상승과 화폐가치 하락은 계속될 것이다.

2000년 1월 676조 원이었던 유동성 자금은 2010년 3월 1,600조 원을 넘었고, 2020년 5월에는 3,054조 원을 기록했다. M2는 현금과 요구불예금, 만기 2년 미만의 정기 예적금 등을 포함하는 대표적인 통화지표이다.

■ 2000년 1월~2020년 4월, M2 통화량(단위: 10억 원)

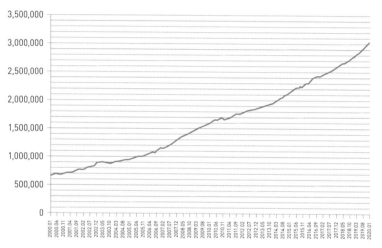

출처: 통계청

인구수가 줄어들 거라고 하지만, 1인 가구 증가 등으로 오히려 가구 수는 늘어날 것이다. 통계청에서는 서울의 1인 가구 수는 2038년 141만 8,371호가 될 때까지 계속 늘어날 것으로 추정했다. 가구 수가 늘어나는 한 소형 아파트에 대한 수요는 떨어지지 않을 것이다.

■ 2000~2047년 서울 1인 가구 수 추정

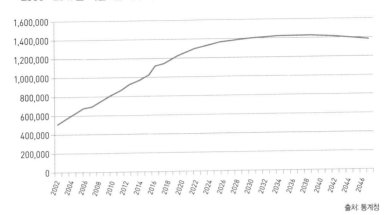

출처: 통계청

　미국이 금리를 올려서 국내 대출 이자가 지금보다 2배로 오른다고 해도 늘어난 이자가 부담스러워서 집을 팔아버릴 정도는 아니었다. 그런데 오히려 금리는 떨어지고 있었다. 2008년 1월에 7.08%였던 주택담보대출 금리는 2020년 5월에는 2.52%로 내려갔다. 1억 원에 대한 주택담보대출 이자가 2008년에는 매달 59만 원이었는데 2020년에는 21만 원으로 줄어든 것이다.

　부동산은 장기로 보유하면 결국은 상승한다는 결론을 내렸다. 따라서 다주택자가 되는 것이 자산을 더욱 빠르게 키울 수 있다는 생각에는 변함이 없었다.

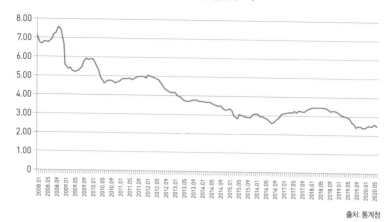

■ 2008년 1월~2020년 5월, 주택담보대출금리(단위: %)

출처: 통계청

회사에는 다주택자가 되는 것에 대한 막연한 두려움을 가진 직원들이 많았다.

"아파트가 2채라면 세금 엄청 많이 내는 거 아냐? 1년에 세금 얼마나와?

"일단 아파트 1채가 늘어날 때마다 재산세가 몇십만 원 늘어나고, 아직 종합부동산세 낼 수준은 아니야. 양도세는 팔 때 내는 세금이니 뭐 지금 걱정할 건 없고."

"다주택자는 양도세도 중과되는 거 아냐?"

"원래는 그런데, 2009년에 양도세 특례법이 생겨서 홍은동이랑 행신동 아파트는 일반세율을 적용받거든. 사실 별로 오르지 않아서 양도세도 얼마 되지 않아. 몇백만 원 정도. 양도세야 뭐 오른 금액에 대한 세금이니 기분 좋게 내는 거지. 아, 세입자 바뀔 때 장기수선충당금을 내줘야 하는 것도 있네."

"그런데 왜 아파트만 투자해? 빌라나 오피스텔 월세 받아도 좋잖아."

"지금 전세도 가끔 세입자들 전화 오면 스트레스 엄청 받거든. 그런데 월세는 매달 그걸 해야 하잖아. 주변 얘기 들어보면 월세 밀리는 경우도 많다고 하고. 그리고 월세는 이것저것 수리도 해야 하고 집주인이 관리해줘야 하는 게 좀 많아서."

"그건 그런 거 같아. 월세 밀리면 골치 아프다고 하더라고."

"오피스텔에 1억 원을 투자해서 월세로 50만 원을 받는다고 해보자고. 1년에 얼마야? 600만 원이잖아. 10년 받으면 6,000만 원이고. 그런데 아파트는 똑같이 1억 원을 투자해서 1년에 6,000만 원의 시세가 오를 수도 있거든. 난 아직 젊으니 현금흐름보다는 자산을 키우는 게 목적이라서 아파트에만 투자하고 있어."

"그래도 세금 내면 남는 것도 없겠는데?"

부동산 투자를 한 번도 안 해봤거나 주식으로 재테크를 하는 직원들의 결론은 항상 똑같았다.

'세금 내면 남는 것도 없겠는데?'

과연 그럴까? 내가 만약 실거주로 만족하며 아파트 1채만 보유하고

■ 시세차익형 투자 vs. 월세수익형 투자

2015년에 매수를 고민했던 강남구의 한 소형 아파트와 역시 강남구에 위치한 2호선 역세권 오피스텔의 투자 시뮬레이션을 보면 다음과 같다.

강남구 A 아파트		VS	강남구 B 오피스텔	
2015년	2020년	연도	2015년	2020년
3억 5,000만 원	9억 5,000만 원	매매가	1억 6,500만 원	1억 7,000만 원
2억 3,000만 원	2억 8,000만 원	보증금	5,000만 원	1,000만 원
1억 2,000만 원	6억 7,000만 원	투자금	1억 1,500만 원	1억 6,000만 원
–	–	월 임대료	50만 원	75만 원
6억 원 (시세 차익 6억 원)		수익	4,300만 원 (5년 월세+시세 차익 500만 원)	

아파트에서는 매달 월세 수익이 발생하지 않지만, 5년 시세 차익만 6억 원을 기대할 수 있다. 게다가 2015년에 2억 3,000만 원이었던 전세 보증금이 2억 8,000만 원으로 오르면서 투자금의 일부까지 회수할 수 있게 된다.

한편 오피스텔에서는 5년 동안 약 3,800만 원의 월세가 나왔지만 시세 변동은 크지 않았다. 월세가 50만 원에서 75만 원으로 올라가면서 보증금 4,000만 원을 반환해야 했을 것이고, 따라서 투자금은 오히려 늘어나게 된다.

있었다면 어떠했을지 계산해봤다.

2008년에 구입한 아파트의 2020년 6월 KB 일반시세는 4억 500만 원이다. 그동안 이 아파트로 인한 대출 1억 원은 다 갚았을 것이고, 맞벌이 월급을 차곡차곡 잘 모았다면 2억 2,000만 원의 현금을 보유했을 것으로 계산된다. 아파트가 저층이었음을 감안하면 지금쯤 총자산은 6억 원쯤으로 추정된다.

10년 정도 근무한 평범한 맞벌이 월급쟁이들의 평균 자산도 여기에서 크게 벗어나지 않을 것으로 생각된다.

하지만 1주택으로 만족하지 않고 다주택자가 되어 5번의 추가 투자를 한 결과는 흥미로웠다. 총자산은 무려 10배가량 증가했다. 전세 보증금을 제외한 순자산만 고려해도 무려 7배 이상의 차이를 보였다. 후반부에서 자세하게 언급하겠지만 임대사업자 등록과 장기 보유로 인해 양도세 부담이 없는 상황이다. 더욱 놀라운 것은 이런 결과로 조기 은퇴를 실행에 옮길 수 있었다는 사실이다. 인생이 바뀐 것이다.

아파트가 폭락할 때를 대비해서 계속해서 전세로 살았다면 어떠했을지도 궁금했다. 맞벌이 12년 월급에서 원천징수 세금과 매월 생활비 150만 원을 제하면, 순수한 저축 금액은 놀랍게도 4억 원도 되지 않는다. 지금쯤 전세자금대출을 받아서 서울에서 겨우 버티고 있거나, 수도권 외곽으로 진즉에 밀려났을 것이다. 생각만 해도 정말 아찔하다.

투자 자체를 하지 않는 것보다는 실거주용 주택 1채에라도 투자한 것이 낫다. 하지만 젊은 부자가 되어 조기 은퇴를 꿈꾸는 월급쟁이라면 여기에 만족하면 안 된다. 양극화, 차별화가 진행되는 부동산 시장에서 실거주용 아파트 1채는 예외적인 경우가 아니라면 오히려 손해가 될 수 있음을 기억해야 한다.

11

구경만 하려다가 계약한
행신동 소만마을

전혀 몰랐다. 경제 신문을 읽고는 있었는데 글자만 보고 있었던 것 같다. 미국에서 금융 위기가 발생했고, 국내까지 영향을 미치고 있었다는 것을 체감하지 못했다. 아파트 시세 상승 속도가 조금 더딘 것 같다고 느끼는 정도였다. 전세 시세는 계속 오르고 있었기에 보증금 인상분으로 투자할 세 번째 아파트를 찾느라 분주했다. 나만의 투자 기준이 다듬어지고 있었다. 대형 개발 계획의 수혜를 받는 아파트의 로열 물건을 장기 보유하는 것이다.

상암동에 서울라이트라는 초고층 건물이 조만간 착공한다는 기사가 눈에 들어왔다. 세계에서 두 번째로 높은 133층 랜드마크 건물의 조감도에서는 빛이 났다.

"나 어렸을 때에는 거기가 난지도였거든. 중학교 때 학원 봉고차가 그쪽이랑 성산시영 아파트로 애들을 태우러 돌아다니고 그랬어. 그런데 이제 엄청 좋아지려나 봐."

"랜드마크 건물이 생기니까 그쪽에 사두면 좋을 거 같아. 그런데 오빠, 상암 월드컵파크 3단지하고 4단지는 벌써 7억 원도 넘는데 어떡하지? 성산시영 작은 것도 4억 원이 넘어가고."

"방송국이나 대기업 직원들이 모두 억대 연봉의 고소득자는 아닐 거 아냐. 인턴도 있을 거고, 신입도 있을 거고, 그쪽에서 식당, 카페, 미용실, 옷가게, 편의점같이 자영업하는 사람들도 출퇴근할 텐데. 이 사람들이 모두 7억, 8억 원 하는 아파트에 살 수는 없잖아."

상암동으로 모여드는 사람들 중에는 분명히 2억 원 이하 아파트를 찾는 사람들이 있을 것이라고 생각했다.

"요즘 내가 조사하고 있는 곳인데, 여기 행신동이라는 동네 좀 봐봐. 일산은 아니고 일산 가기 전에 고양시 덕양구라는 곳에 있는 아파트야. 상암과는 딱 5km 떨어졌거든. 차로 15분이면 갈 수 있는 거리야. 경의선 타면 3정거장이고. 버스도 상암까지 한 번에 가고. 아까 점심시간에 그 동네 부동산하고 통화해봤는데 1억 5,000만 원 정도에 매물이 있대. 전세는 8,000만 원에서 8,500만 원이고."

상암 주변으로는 대부분 주택가만 있었다. 상암까지 출퇴근이 편리한 대규모 아파트 단지들이 있는 곳은 행신동이었다. 게다가 방 2개의 19평 매매가격은 1억 원대 중반이었다. 상암 남쪽에 있는 가양동에 소형 아파트 단지들이 있지만 한강을 건너야 했기 때문에 교통이 불편해 보였다. 버스도 갈아타야 했고, 지하철도 상암까지 한 번에 연결되지 않았다.

저녁 식사를 하고 있는데 행신동 부동산에서 전화가 왔다. 세입자가 집에 들어와서 이제 집을 볼 수 있으니 어서 오라는 것이었다. 행신동은 지도로만 봤지 아직 가보지 않은 동네였다. 사장님이 지하철역으로 데리러 온다고 하니 경험 삼아 구경하면 좋을 것 같았다.

"밥 빨리 먹고 잠깐 행신동 가서 아파트 한번 보고 올까?"
"보고만 오는 거야, 아니면 계약하러 가는 거야?"
"안 가본 동네니까 집도 보고 동네 구경도 하고 오자. 아직 벽산 아파트 전세금도 안 받아서 돈도 없어."

화정역 4번 출구에서 부동산 사장님 차를 타고 소만마을 1단지로 갔다. 어두워서 잘 보이지는 않았는데 일산처럼 아파트 단지가 모여 있는 신도시 같았다.

매매가 1억 5,500만 원에 입주 가능한 로열층 물건을 봤다. 새로 전세 놓으면 8,500만 원을 받을 수 있다고 했다. 담보대출은 전세금 고려해서 3,000만 원까지는 문제없다고 했다. 다음 달이면 홍은동 아파트 전세금 3,000만 원도 들어온다. 마이너스 통장을 이용하면 잔금 7,000만 원을 준비할 수 있겠다는 계산이 나왔다.

사장님은 마침 집주인이 근처에 있다며 인사나 한번 하라고 했다. 10분도 안 지나서 집주인 가족이 왔다. 아파트는 딸 명의로 되어 있었다. 반갑게 인사를 하고 나니 자연스럽게 매매가격 얘기가 오고 갔다. 잠깐 신분증을 달라고 하더니, 어느새 사장님은 매매 계약서를 들이 밀었다. 집주인까지 만난 김에 도장까지 찍고 가라는 것이었다.

"지금 저희가 도장도 없는데…"

"요즘은 그냥 서명으로도 많이들 하세요."

"아, 그게 갑자기 나와서 지금 계약금도 없거든요."

"가계약금으로 100만 원만 보내셔도 돼요. 신용카드 없으세요? 저기 편의점에 ATM 기계도 있는데."

'어, 이게 아닌데. 일이 자꾸 커지네.'

잠깐 부동산을 나와서 아내와 상의를 했다. 아내는 표정이 안 좋았다.

"이 집 어떤 거 같아?"

"잘 모르겠어. 지금은 돈도 없고, 그냥 집에 가자."

"그래도 층도 좋고, 앞에 전망도 뚫려 있어서 물건은 좋은 거 같은데."

"그렇기는 한데."

"그럼 이거 살까? 마이너스 통장으로 가계약금 보내면 되잖아."

"오빠가 알아서 해. 난 잘 모르겠어."

화장실 문 아래쪽이 썩은 것과 싱크대 몰딩이 떨어져 나간 것을 핑계로 500만 원을 깎으려고 했지만 실패했다. 아파트가 마음에 드는 티를 너무 많이 낸 것이 실패의 원인이었다. 심각한 표정으로 시간을 끌고 있으니 문짝 교체 비용으로 100만 원이 내려갔다.

'문짝은 내가 퍼티 사다가 메꾸면 1~2만 원이면 될 거야.'

그렇게 정신없이 계약을 마무리하고 집으로 왔는데 기분이 이상했다. 아파트를 사고 이렇게 찝찝한 기분은 처음이다. 첫 아파트를 사고 집에 왔을 때는 살짝 눈물까지 났는데, 이번에는 이상했다. 홀린 듯이 떠밀려서 계약한 것 같아서 기분이 복잡했다. 젊은 나이에 서울에 아파트를 2채나 갖고 있다면서 우쭐하게 만든 부동산 사장님의 상술에 말린 것 같아서 짜증이 났다.

급기야 아내는 펑펑 울기 시작했다. 아내도 마음이 복잡했던 모양이다.

"안 산다고 했잖아. 그냥 구경만 하고 오자고 했잖아."

"그래도 상암동 개발 지역 근처고, 로열 물건이잖아."

"밥 먹다가 가서 이렇게 갑자기 아파트를 사면 어떻게 해."

"자기도 알아서 하라고 했잖아. 그럼 계약 취소해? 100만 원인데 후회 안 하겠어?"

"이제 대출이 2억 3,000만 원인데, 이걸 언제 다 갚아?"

밤새 울고, 달래고, 후회하고, 고민했다. '알아서 해'라는 말을 '내 맘대로 하라'는 뜻으로 해석한 것이 잘못이었다. 하지만 어쩔 수 없었다.

■ 부동산 매매 계약서

가계약금 100만 원을 버릴 수 없었기에 그냥 진행했다.

다행히도 전세 세입자는 바로 찾았다. 파주에 있는 대기업 직장인이었다. 그런데 입주 한 달 만에 이사를 가야 한다고 했다. 지방으로 발령을 받았다는 것이다. 두 번째 세입자인 신혼부부는 2년을 채우고 정확한 만기 날짜에 이사를 갔다.

2012년 6월에는 전세금 3,000만 원을 올린 1억 1,500만 원에 세 번째 세입자와 계약을 했다. 다시 2년이 지났는데 이번에는 전세가 1,000만 원 정도밖에 오르지 않았다. 새로 세입자를 구해서 복비 내고 나면 오히려 손해였다. 게다가 이번 세입자는 2년 동안 연락 한 번 없었던 VIP였다.

'역시 세입자 얼굴은 계약할 때 한 번, 만기 때 한 번 보는 게 최고야.'

지금 세입자를 잡아야 했다. 부동산 좋은 일을 하고 싶지 않았다. VIP에게 전화했다.

"사모님, 이번 달이면 전세 만기잖아요. 혹시 이사 계획 있으신지 궁금해서 연락을 드렸습니다."
"벌써 그렇게 되었나요? 이사는 아직 생각 안 했는데요."

"제가 전세 시세를 알아보니 조금 오르기는 했는데요, 복비도 그렇지만 사모님은 이사비용까지 들잖아요. 그래서 말인데요, 계약 연장해서 계속 거주하시면 어떨까요? 보증금은 그냥 그대로 하시고요. 솔직히 저도 복비 안 내고 좋거든요."

"그래 주시면 저야 감사하죠."

"그럼 다음 주에 연장 계약서 쓰러 잠깐 들리겠습니다. 도장만 찍어주세요."

또 2년이 흘렀다. 이번에는 전세 시세가 크게 올랐다. 복비를 주고 새로 세입자를 구하더라도 이익이 될 정도였다. 2년 만에 VIP에게 다시 한번 연락을 했다.

"사모님, 2년 사이에 전세 시세가 좀 오른 것 같습니다. 비슷한 층은 1억 7,000만 원에도 나오고 그러거든요. 저희도 사모님께서 계속 계시면 좋은데요, 저희가 돈이 좀 필요하게 되었거든요. 1억 6,500만 원까지는 생각하고 있습니다."

"그래서 5,000만 원이나 올리시겠다는 거네요? 생각 좀 해보고 주말까지 연락을 드릴게요."

"재작년에 인상 없이 연장하면서 금액이 더 크게 느껴지실 텐데요, 고민해보고 연락 부탁드립니다. 죄송합니다."

결국 4,000만 원 인상에 합의해서 1억 5,500만 원으로 재계약을 했다. 최초 계약서에 첨부된 영수증 뒷면에 다시 영수증을 써드렸다. 6년 만에 투자금 7,000만 원을 전부 회수했다.

하지만 행신동 투자의 결정적인 요인이었던 상암동 DMC 랜드마크 개발은 결국 표류하고 있었다. 단군 이래 최대 도심 개발 사업이라고 불렸던 용산국제업무지구 개발도 무산되었다. 반면에 당시 초고층 빌딩 프로젝트 중에서는 유일하게 잠실 제2롯데월드 공사만 순조롭게 진행되고 있었다.

'역시 강남은 뭐든 잘되는구나.'

부동산 투자 초기에 3채의 아파트를 매수할 때까지만 해도 이렇게 생각했었다.

'강남은 이미 10억 원이 넘잖아. 이미 오를 대로 다 올랐는데, 그런 아파트가 11억 원이 되겠어?'
'오히려 2억, 3억 원짜리 아파트가 3억, 4억 원이 되는 게 더 빠르지 않을까?'

이미 10억 원이나 하는 강남의 고가 아파트가 11억 원으로 오르기는 힘들다고 생각했다. 마치 '집값 총량의 법칙'이라도 있는 듯이 강남 아파트는 이미 오를 대로 다 올라서 더 이상 오를 여력이 없다고 생각했다. 11억 원으로 오른 10억 원짜리 아파트를 살 사람들도 없다고 생각했다. 그래서 강남을 피해 저가 매물에 대한 투자를 이어갔지만 욕심만큼 수익은 크지 않았다. 외부적인 요인도 있었지만, 나의 투자 원칙에 문제는 없었는지 원점에서 재점검할 필요가 있었다.

물론 아무것도 하지 않은 것에 비하면 괜찮은 성과였다. 그동안 맞벌이로 월급을 한 푼도 쓰지 않고 전부 모은 것보다 많은 자산을 만들었기 때문이다. 하지만 이것만으로는 젊은 부자가 되어 조기 은퇴를 하기에는 부족했다.

이때부터 강남 아파트에 대한 관심이 자라기 시작했다.

12

최고의 투자 파트너는
사실 임차인이다

"뭐가 안 들어온다고요?"

"형광등이요. 작은방 형광등이 안 들어오는데요."

"그런데요?"

"아니, 이런 건 집주인이 당연히 수리해줘야 하는 거 아닌가요?"

"형광등 같은 소모품은 임차인이 하는 겁니다. 보일러나 누수 같은 문제는 제가 봐드리는 거고요."

"뭐라고요? 제 친구가 변호사인데 이미 다 물어봤거든요? 당장 수리 안 해주시면 내용증명 보낼 테니까 그렇게 아세요."

"뭘 보낸다고요?"

"제가 전등 싹 교체하고 수리비도 청구할 테니 마음대로 하세요."

행신동 두 번째 세입자였다. 회사 이직한 지 얼마 되지 않아서 근무

시간에 전화 받기도 눈치 보이는데, 이런 전화를 받으니 짜증이 났다. 그것도 금요일 오후에 말이다.

'전세 계약서 쓸 때부터 내가 두 살 어리다고 무시하더니, 형광등이 안 들어와서 소송을 하겠다고?'

다음 날 오전에 행신동으로 찾아갔다. 작은방 형광등이 깜박거리기만 하고 켜지질 않았다. 아파트 상가에 있는 슈퍼마켓에서 스타트 전구를 사서 갈아 끼우자 환하게 잘 들어왔다. 보통은 나이에 상관없이 임차인에게는 사모님 호칭을 사용하는데 이번에는 안 나왔다.

"저기요, 여기 제가 1,000원 드릴 테니까 나중에 또 이러면 슈퍼에서 이거하고 똑같이 생긴 거 사다가 갈아 끼우세요. 이거 2개 1,000원이에요. 아, 그리고 법을 좋아하는 거 같아서 미리 말씀드리는데요. 전세 계약서 보면 만기일이라고 적혀 있어요. 저는 딱 2년 후 그 날짜에 보증금 빼드릴 겁니다. 얼핏 듣기로는 어디 입주해야 해서 1년만 살고 나가야 하는 거 같은데요. 저하고 미리 상의도 안 하고 갑자기 통보할 계획이셨나 보네요. 법을 워낙 좋아하시니 저도 계약서대로 딱 2년 후 만기일에 돈 드릴 테니 그런 줄 아세요."

당황해서 할 말을 잃은 표정의 세입자는 그로부터 만기 때까지 전화 한 통 없었다. 그런데 문제는 전세 만기일이 되어 이사 나가는 날 터졌다. 이삿짐이 빠진 상태에서 집 상태를 확인하고 있었다. 무심코 싱크대 수도를 틀었는데 물이 사방팔방으로 튀면서 바닥이 물바다가 되었다.

'오호, 딱 걸렸어!'

세입자 부부는 물론 친정어머니, 시어머니까지 합세하여 수도꼭지가 2년 전부터 그랬다면서 고함을 치기 시작했다.

"저기요, 이게 원래 이랬다고요? 물이 이렇게 바닥으로 다 튀어서 싱크대 앞에 서 있을 수도 없는데, 어제까지 정상적으로 사용했다고요? 이거 덜렁거리는 거 보니까 수전을 교체해서 다른 걸로 쓴 거 같은데, 원래 있던 거 제대로 달아놓은 거 맞아요? 대충 그냥 끼워놓고 도망가려는 거 같은데, 이건 원상복구 해놓아야 합니다. 보증금에서 일단 수리비로 100만 원 제하고 드릴게요. 원상복구 끝내면 그때 정확히 수리비 빼고 나머지 보내겠습니다. 법 좋아하시니까 억울하면 보증금반환청구소송 하세요. 참고로 계약서에 있는 임차인의 원상복구 의무조항도 꼭 읽어보시고요. 부동산 사장님도 이쪽으로 오세요. 사장님도 지금 수도 물 새는 거 상태 확인하셨죠? 이분들이 저를 못 믿어 하는 거 같으니, 그럼 사장님한테 100만 원 맡겨 놓을게요. 수리 끝난 거 사장님이 책임지고 확인하시고 돈 돌려주세요. 됐죠?"

그날 저녁 부동산 사장님의 동영상 문자를 받았다. 싱크대 수도꼭지는 깔끔하게 수리되었다. 출장비 5만 원을 제하고 95만 원을 송금하는 것으로 마무리되었다.

어린 초보 임대인이었기 때문에 많이 서툴렀다. 큰돈이 왔다 갔다하기 때문에 예민해질 수밖에 없었다고는 하지만 돌이켜보면 부족한부분이 많았다. 부동산 사장님들부터 임차인들까지, 상대해야 하는 사람들 대부분이 나보다 나이가 많았기 때문에 오히려 더 힘을 주고 지지 않으려고 애를 썼다. 조금이라도 문제가 발생하면 외우기도 힘든 법률 용어를 써가며 목소리를 높이기에 바빴다.

전세였기 때문이었다. 전세였기 때문에 계약 이후에 내게는 더 이상이익이 없다고 생각했다. 그래서 집과 관련해서는 100원도 쓰기 싫었고, 조금도 손해를 보고 싶지 않았다. 매달 따박따박 현금을 입금해주는 월세였다면 반대로 세입자를 모시고 살았을 것이다.

그런데 어느 순간 생각이 바뀌었다. 아파트에서 전세금이 계속 들어왔기 때문이다. 매달 들어오는 월세와 기간만 다를 뿐, 2년마다 정기적으로 때로는 1년 만에 큰돈이 들어오기도 했다. 소위 역전세가 발생해 전세금을 내줘야 하는 경우는 한 번도 없었다.

'세입자는 내 투자 파트너구나. 무이자로 이렇게 돈을 빌려주잖아.'

세입자는 더 이상 골치 아픈 두려운 대상이 아니었다. 정기적으로 목돈을 입금해주는 나의 투자 파트너인 것이다. 그것도 아무 조건 없는 무이자로 말이다. 이 돈으로 대출을 갚으면 수십만 원에서 수백만 원의 이자를 아낄 수 있다. 추가 투자를 한다면 더 크게 자산을 키울 수도 있다. 월세만 수익형이 아니었다. 나에게는 전세도 수익형이었다. 어차피 돌려줄 돈인데 올려 받아서 뭐하냐는 부동산 사장님의 말은 단지 계약을 빠르게 성사시키기 위한 전략임을 다시 한번 깨달았다.

결국 투자 후반에는 보증금으로 대출 7억 원을 상환했다. 그뿐만 아니라 조기 은퇴를 실행하는 데 결정적인 역할을 하게 된 것도 바로 이렇게 오른 보증금 덕분이었다. 전세 보증금은 현명하게 활용하면 더 큰 자산을 만들어낼 수 있는 나만의 은행이다. 영화에 등장하던 그 어떤 스위스 은행도 부럽지 않았다.

전세금으로 다음 투자를 준비할 때면 여전히 아내는 걱정을 한다.

"나중에 전셋값이 떨어지면 어떡해?"

"서울 아파트 입주 물량 데이터만 봐도 당분간은 아파트가 부족한 상황이 계속 이어질 거야. 신규 아파트가 부족하면 아파트 청약을 준비하는 사람들은 전세로 살면서 대기할 수밖에 없거든. 그리고 지금 부동산 규제 정책이 계속 나오는데, 규제를 통해 매매 거래량이 감소하면 어떻게 되겠어?"

"우리처럼 다주택자들이 집을 덜 사겠지?"

"그렇지. 전세라는 건 정부가 아니라 다주택자들이 공급하잖아. 집값이 오를 것을 기대하면서 투자로 집을 사서 전세를 주니까. 그런데 규제로 인해서 매매가 감소하면 결국 전세 물건도 줄어든다는 건데, 그럼 입주 물량 감소로 청약 대기자들이 늘어나는 현상과 맞물려서 전세가는 오를 수밖에 없게 될 거야. 적어도 서울 아파트라면 전세가가 떨어질 이유가 없어."

원하는 아파트를 매수하기 위한 준비가 될 때까지 혹은 새 아파트 청약에 당첨되는 그날까지 임차인들은 내가 매매 시세의 절반 수준으로 제공하는 아파트가 필요할 것이다. 나 역시 아파트를 통해 자산을 키우려면 이들이 필요하다. 임차인은 다주택자에게 최고의 투자 파트너이다.

■ 한국토지주택공사(LH) 수선비 부담 기준표

참고: 한국토지주택공사에서 공개한 임대주택 수선비 부담 및 원상복구 기준

항목		임대인 부담	임차인 부담
실내 마감	도배지	노후(수선주기 경과) 누수로 인한 변색, 곰팡이	오염, 훼손, 낙서
	타일	탈락, 들뜸, 크랙	파손, 오염물 청소, 부착물 제거
	장판지, 걸레받이	노후(수선주기 경과) 누수로 인한 들뜸, 곰팡이	오염, 훼손
	온돌마루, 강화마루	누수로 인한 들뜸, 변색, 갈라짐, 곰팡이, 노후(수선주기 경과)	파손, 오염, 훼손(선의 사용에 의한 잔기스 제외)
창호	방충망	개폐 불량, 부식	파손, 찢어짐, 망실
	유리	자연적 깨짐, 갈라짐, 시야확보 곤란한 변색, 천재지변, 노후	파손, 고의적 깨짐, 부착물 제거
현관	디지털 도어록	노후, 작동 불량	파손, 건전지 교체
싱크대	본체, 문짝	노후, 처짐	오파손, 탈락, 부착물 제거
	상판	노후, 자연발생 균열	파손, 고의적 깨짐, 탈락, 고의, 과실에 의한 오염
	수전	노후	파손, 탈락
세면기	도기	표면 박리, 자연발생 균열	파손, 깨짐
	수전류	노후, 작동 불량	파손, 탈락
	배수관	노후, 부식	손모, 사용상 부주의에 의한 배수 불량 및 막힘
양변기	시트	해당 없음 (소모품으로 간주)	임차기간 내 파손, 탈락, 망실
욕실	수전류	휨, 노후, 자연발생 균열	파손, 깨짐
	비데	노후	파손, 탈락

항목		임대인 부담	임차인 부담
욕실	비데	작동 불량	파손, 청소, 노즐 막힘, 누수, 수리
발코니	우수관, 배수관	누수	사용상 부주의에 의한 배수 불량 및 막힘
전기기구	램프	해당 없음 (소모품으로 간주)	점등 불량에 의한 교체, 오파손
	비디오폰	노후, 작동 불량	파손, 소모품(버튼)
개별 보일러	가버너, 열교환기 등	노후, 작동 불량	파손, 동파, 청소 (동파는 보온조치 훼손에 한하여 임차인 부담)
	출장비	정상적 사용에도 작동 불량으로 인한 보수	파손, 동파, 동결 등 입주자 요청, 부주의에 의한 점검, 수리

13

강북&수도권
아파트 투자 결산!

부동산 투자 전반부에 해당하는 초기 3번의 아파트 투자를 정리해 봤다. 결혼 1년 만에 구입한 첫 번째 아파트의 거래 내역은 다음과 같다. 계약서 작성일 기준으로 매수 계약은 2008년 3월에, 매도 계약은 2016년 8월에 이루어졌다. 총 보유기간 8년 4개월 가운데 실거주 8년을 했다.

서울시 서대문구 홍제동 유원하나 아파트 28평	
매수가격(2008년 3월)	2억 2,000만 원
세금(취 · 등록세, 재산세, 양도세)	1,300만 원
기타(합의금, 소송비용, 중개 수수료, 인테리어)	2,300만 원
매도가격(2016년 8월)	3억 원
투자 결과(수익)	4,400만 원

2008년 3월 KB 일반시세는 2억 1,750만 원이었고 소송과 합의를 거쳐 잔금을 치른 9월에는 2억 5,000만 원으로 3,000만 원가량 올랐다. 하지만 2009년 9월부터 2013년 5월까지 무려 45개월 동안 시세는 2억 7,000만 원을 유지했다. 이후 소폭의 하락을 거쳐 2015년 11월 다시 2억 7,000만 원으로 회복한 뒤에, 매도 계약서를 쓴 2016년 8월에는 2억 7,500만 원이 되었다. 매도 계약은 당시 실거래 최고가인 3억 원에 성사되었다.

■ 2008~2016년 유원하나 아파트 시세 변화

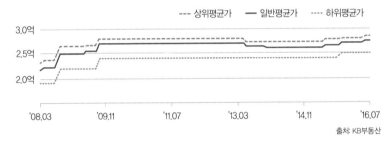

출처: KB부동산

하지만 합의금 1,000만 원과 변호사 수임료 420만 원의 지출이 치명적이었다. 2.2%가 적용된 취·등록세 484만 원과 양도세 513만 원 등 세금으로 1,300만 원이 들어갔다. 셀프 인테리어로 견적을 절반 이하로 줄이기는 했지만 그래도 실거주를 위한 수리비용으로 약 700만 원이나 지출했다. 이 아파트를 매수하면서 발생된 대출 이자를 고려하면 실제 수익은 3,000만 원 초반 정도로 추산된다.

두 번째 투자한 홍은벽산 아파트의 투자 결과는 다음과 같다. 총 보유기간은 7년에서 한 달 빠지는 6년 11개월이었다.

서울시 서대문구 홍은동 홍은벽산 아파트 24평	
매수가격(2009년 4월)	2억 1,500만 원
세금(취·등록세, 재산세, 양도세)	850만 원
기타(중개 수수료, 수리비)	250만 원
매도가격(2015년 12월)	2억 4,800만 원
투자 결과(수익)	2,200만 원

벽산 아파트의 경우 매수 이후 시세가 떨어져서 6년간 회복되지 못했다. 다행히도 다음 투자를 위해 매도를 계획했던 2015년 하반기에 시세가 다소 회복되었다. 여름에 내놓은 집은 연말이 되어서야 팔렸다. 저층은 싸게 사서 싸게 팔아야 하는 물건임을 알게 되었다.

■ 2009~2015년 홍은벽산 아파트 시세 변화

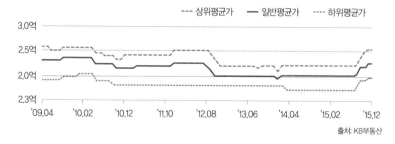

출처: KB부동산

그래도 이 아파트를 통해서 부동산 내공을 많이 키울 수 있었다. 부동산 사장님들과의 심리전 기술도 익히게 되었다. 싱크대 교체, 내부 페인트 공사, 도배, 베란다 난간 수리 경험도 쌓았다. 새로 교체한 싱크대를 파손한 임차인에게는 야무지게 원상복구를 요청하기도 했다.

중개 수수료를 아끼기 위해 직거래로 세입자를 구해보려고도 했다. 인터넷에 집 광고를 올렸고, 한겨울에 퇴근하고 달려가서 직접 집을 보여주기도 했다. 다시 연락을 준다는 말만 남기고 허탈하게 떠나는 사람들을 바라보며 중개업의 쓸쓸함도 알게 되었다.

세 번째로 투자한 아파트는 고양시 덕양구 행신동이었다. 수리비용으로 100만 원을 깎지 못했다면 당시 실거래 최고가를 기록할 뻔했다. 2015년 하반기에 이르러서야 1억 8,000만 원대 거래가 있을 정도로 시세는 정체되어 있었다.

2018년 2월에 소유권을 넘기기 전까지 총 8년에서 1개월 모자란 7년 11개월을 보유했다. 소위 로열동에 로열층 물건이었기 때문에 매도 목표가를 2억 원으로 정했지만, 결국 900만 원이 조정되었다. 역시 아파트는 사는 것보다 파는 것이 더 중요하다.

KB 시세에도 이런 상황이 잘 묘사되어 있다. 매수 직후 다소 하락하며 약세를 보이던 시세는 2015년 봄부터 조금씩 상승했다. 하지만 이마저도 오래 가지 못하고 2016년 10월 이후 매도할 때까지 보합을 유지했다.

경기도 고양시 덕양구 소만마을 1단지 아파트 19평	
매수가격(2010년 2월)	1억 5,400만 원
세금(취 · 등록세, 재산세, 양도세)	700만 원
기타(중개 수수료, 수리비)	160만 원
매도가격(2018년 1월)	1억 9,100만 원
투자 결과(수익)	2,840만 원

■ 2010~2017년 소만마을 1단지 아파트 시세 변화

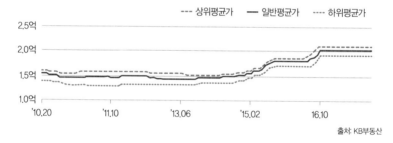

출처: KB부동산

보유기간만 총 23년 2개월, 아파트 1채당 평균 7년 8개월씩 보유했던 홍제, 홍은, 행신 아파트는 이후 불과 31개월 만에 강남 아파트 3채의 포트폴리오로 급격하게 변하게 된다.

강북 아파트를 팔아서 강남 아파트 3채를 어떻게 살 수 있었을까?

강남 아파트를 매수한 2년 반 동안에 어떤 일이 있었나?

강남 아파트 투자를 위해 어떤 전략을 사용했을까?

이제 조기 은퇴를 5년 앞당겨준 바로 그 강남 아파트 이야기가 시작된다.

가질수록
힘이 되는
강남 아파트

14

수익률 30,000%를 안겨줄
수서까치마을

"어서 와. 오늘이 드디어 마지막 퇴근이네. 사표 잘 내고 왔어?"

"물론이지. 이제부터 내 달력은 '월화수목금토일'이 아니라 '일일일일일일'이야. 오빠는 언제 낸다고 했지?"

"다음 주 금요일. 드디어 조기 은퇴를 실행하는구나. 10년 동안 세계여행 갔다 오면 잠실도 많이 변해 있겠다."

2019년, 나는 은퇴했다. 작은 나비의 날갯짓이 거대한 폭풍우를 일으킬 수 있다고 했다. 앞으로 펼쳐질 그 모든 변화는 바로 이 수서까치마을 아파트 계약에서부터 시작되었다.

2012년, 아파트 투자를 시작한 지 5년이 되었다. 행신동 아파트를 산 이후부터 아파트 시세는 내려가고 있었다. 싼 매물들이 하나씩 등장하고 있었고 실거래로 찍히고 있었다. 매주 부동산에 전화해서 시세를 확인하는 것이 취미였는데, 그런 재미가 사라진 지 2년이 넘었다. 재산세와 대출 이자만 내고 있었다. 세입자가 바뀌면 장기수선충당금도 내줘야 했다. 시세가 오르는 재미도 없는 강북 아파트 3채를 가지고 있었다. 뭔가 부족했다. 이촌, 용산, 마포도 아니고 홍제, 홍은, 행신이다.

"강변북로 타고 상암 지나서 일산 가는 길에 있어요. 일산동구가 아니라 덕양구예요."

"독립문 아시죠? 거기서 은평 뉴타운 쪽으로 쭉 올라가면 내부순환 고가도로 있는 거기요. 그랜드힐튼 호텔도 홍은동에 있고요. 오른쪽 상명대 쪽으로 빠지면 아파트가 보여요."

누가 물어보면 꼭 이런 식으로 설명을 해야 알아듣는 지역들이었다. 아, 뭔가 조금 아쉽다. 폼이 안 났다. 강남 아파트를 하나 갖고 싶었다. 강남 아파트 하나 정도는 갖고 있어야 부동산 투자가 완성될 것 같았다. 우리의 조기 은퇴에 대한 해답이 강남 아파트에 있을 것 같았다.

강남 아파트에 대한 막연한 두려움과 알 수 없는 거리감 때문에 매물을 알아보는 것도 시작하지 못하고 있었다. 그러다가 한 부동산 책에서 강남구 10평대 아파트를 짧게 소개한 부분이 생각났다. 그냥 강남에 있는 아파트구나 하고 지나갔던 부분이었다. 오랜만에 책을 다시 찾아봤다. 강남에는 10억 원씩 하는 비싸고 큰 아파트만 있는 줄 알았는데 놀랍게도 3억 원대의 아파트도 있었다. 평수는 작지만 매력적인 가격이었다. 이제 아내만 설득하면 된다.

"내후년에 양쪽에서 전세금 들어오면 대출도 거의 다 갚을 거 같은데, 이제 우리도 강남에 아파트 하나 사야 하지 않겠어?"

"강남? 어디? 거기는 다 10억 원씩 하지 않아?"

"수서까치마을 아파트라고 있는데, 17평이 3억 원대 초반이거든. 수서역 알지? 수서역세권 개발이라고 해서 거기가 완전히 바뀌는데, KTX하고 GTX역이 생기거든."

강남에 처음 생기는 KTX(지금의 SRT) 기차역이다. 지난 50년 동안 강남 사람들은 기차를 타려면 서울역이나 용산역 혹은 광명역으로 가야 했지만, 이제는 강남 수서역으로 몰릴 것이었다. 앞으로의 100년을 바꿀 대단한 변화가 생길 곳이었다.

"여기 왼쪽이 개포택지지구라고 해서 앞으로 몇 년간 신축 아파트들이 계속 건설될 거야. 주변에 신축 아파트가 지속적으로 공급되는 게 아파트 시세에 중요하거든. 개포동 다음으로 일원동이 개발될 거라는 전망도 있더라고."

"지하철도 정말 가깝네. 3호선 일원역이구나? 역세권 아파트인 점은 참 좋다."

"일원역 부지가 예전에는 래미안 모델하우스가 있던 자리인데, 이 자리에 대형 건물이 공사 중이야. 마트, 병원, 카페 같은 편의시설이 많이 들어오면 동네는 더 좋아질 거야."

"서울삼성병원이 바로 앞에 있어서 전·월세 수요는 많겠네. 의사나 간호사, 병원 직원들도 많을 거고, 입원 환자들의 가족 수요도 계속 발생할 거 아냐. 일원동이 학군 좋은 곳으로 유명한 동네 맞지?"

"응. 아파트 앞뒤로 왕북초등학교하고 대왕중학교가 있는데, 여기는 강남 내에서도 손에 꼽을 정도로 학업 성취도가 높더라고. 중동고등학교하고 중산고등학교는 매년 서울대 합격자가 많은 걸로 뉴스에도 많이 나오잖아."

"그런데 벌써 20년이나 된 오래된 아파트인데 괜찮을까?"

"입지가 워낙 좋고 땅값도 높기 때문에 시간이 지날수록 리모델링이나 재건축 같은 개발 요구가 점차 커질 수밖에 없을 거야. 이런 입지에 노후화된 채로 가만 놔두지는 않겠지."

2012년 8월 15일, 오전에 내리던 비가 그치자 안암동 다가구 주택을 보러 갔다. 건물 외부만 잠깐 구경하고 강남구 일원동으로 향했다. 고여 있던 빗물에 미끄러진 나의 초록색 엑센트가 앞차 그랜저를 들이받을 뻔했다. 브레이크 핑계를 대며 '이제 차 좀 바꿔볼까'라고 아내한테 물으니 3년 전과 같은 대답이 돌아왔다.

"내년에 바꿔줄게."

나도 안다. 내년이 되면 또 내년이라고 할 거라는 것을. 그래, 지금은 차보다는 강남 아파트를 사는 게 우선이다.

큰 나무들이 우거진 수서까치마을 아파트 앞 한적한 도로에 차를 숨겨놓고, 3호선 일원역 입구까지 걸어갔다. 1분 30초, 책에서만 보던 초역세권이다. 강남 아파트는 지하철도 가깝구나. 다시 걸어오면서 시간을 쟀다. 1분 42초, 대단하다. 일원역 부지에는 높은 펜스가 둘러져 있었다. 계획대로 공사가 진행 중인 것 같았다. 강남구라고는 믿기지 않을 정도로 차분하고 고요한 분위기가 인상적이었다. 손에 닿을 정도의 거리에 대모산이 있었다. 비가 와서 그런지 대모산은 더욱 청량하고 신비롭게 보였다.

집에서 홍제역까지는 빠른 걸음으로 15분이었다. 마을버스가 있지만 급할 때는 더 안 오는 것 같다. 그럼 길 건너편에서 일반버스를 타고 두 정거장 가서 내린 다음에 신호등을 건너서 홍은동 쪽에서 오는 다른 마을버스를 타면 홍제역까지 조금 더 빠르게 갈 수 있다. 그런데 강남은 아니었다. 아파트 바로 앞에 지하철이 있다. 여기에 살면 골목길을 뛰어 내려가지 않아도, 애를 태우며 마을버스를 타려고 위험하게 무단 횡단을 하지 않아도 될 것 같았다.

미리 약속한 부동산과 집을 봤다. 단지 북쪽에 있는 1004동 고층 15평에 2억 8,000만 원 물건이었다. 현관 쪽에 방이 있고, 주방 겸 거실이 있는 1베이 구조였다. 전세 시세는 1억 5,000만 원 정도였다. 투자금으로 1억 3,000만 원이 필요했다. 또 다른 물건인 1002동 17평은 남향이었는데, 매매가는 3억 2,000만 원이었다. 완전히 수리된 고층 21평의 4억 2,000만 원 물건도 봤다. 10년 된 인테리어가 아닌 베란다 확장에 새시까지 모두 수리된 상태였다.

하지만 아직 돈이 없었다. 2년 후에 홍은동과 행신동에서 전세금이 들어올 때까지 2년을 더 기다려야 했다. 당장 사고 싶었지만 아직은 때가 아니었다. 게다가 2012년 당시에는 아파트 가격이 떨어지는 것이 눈에 보이고 있었다. 조금 더 기다려 볼 만했다. 이러한 분위기는 2013년을 지나 2014년까지 계속되었다. 2014년 여름이 지나면서 시세가 오르는 모습이 포착되었다. 15평은 3억 원을 넘어섰고, 17평은 3억 원대 중반을 넘었다. 역시 시세가 오르는 건 순식간이었다.

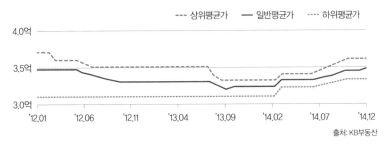

■ 2012~2014년 수서까치마을 17평 시세 변화

출처: KB부동산

수서까치마을 아파트를 처음 본 지 2년도 훨씬 더 지난 2014년 11월, 급매 물건이 나왔다는 부동산의 연락을 받았다. 시세보다 2,000만 원 저렴한 3억 4,000만 원이라고 했다. 그래도 2년 전보다는 2,000만 원이 오른 금액이었다. 하지만 점점 높아지는 실거래 가격을 보니 마음이 급해졌다.

세입자가 살고 있었는데, 매매 잔금 날짜에 맞춰서 이사를 나가겠다고 했다. 전세 시세는 2억 원이었다. 학군이 좋으니 겨울 방학에 맞춰 전세를 놓으면 괜찮을 것 같았다. 내부는 수리가 거의 안 된 기본 상태였고, 여기저기 손을 볼 데가 많이 보였다. 좋다. 매수 의사를 밝혔다.

부동산 사장님이 집주인에게 연락을 했다. 손을 좀 봐야 하는 내부 상태와 빠른 잔금이 가능함을 앞세워 가격 조정을 시도했다. 2,000만 원을 깎는 데 성공했다. 3억 2,000만 원이다. 기쁨과 아쉬운 마음이 동시에 들었다. 나머지는 직접 만나서 시도해볼 작정이었다.

얼마 후 매도인이 도착했다. 이 집을 꼭 팔아야 하는 사정이 있다고 했는데 추가 조율이 쉽지 않았다. 한 시간 넘게 '더 깎아 달라'와 '안 된다'를 반복하고 있었다. 1층은 겨울에 춥고 여름에 덥지 않느냐, 베란다 섀시 바닥에 구멍이 있는데 안전상 섀시를 교체해야 할 것 같다는 갖은 이유를 대며 어렵게 1,000만 원을 더 깎았다. 이제 3억 1,000만 원이다. 사람 마음이라는 게 참 간사하다. 조금 더 깎을 수 있을 것 같았다. 그 순간 번쩍이는 물체 하나가 눈에 들어왔다. 산책하는 길에 얘기나 한번 들어보려고 부동산에 잠깐 들렀다고 했는데, 집주인 아주머니는 주머니에서 인감 도장을 꺼내고 있었다.

'매도인은 오늘 계약서를 쓰고 갈 작정이구나.'

혹시 모를 계약에 대비해서 최대한 없어 보이게 하고 갔다. 가방 대신에 간단한 소지품을 검은 비닐봉투에 넣어서 달랑달랑 들고 갔다. 우산도 한 번만 더 쓰고 버려야지 했던 투명 비닐우산을 골라서 갖고 갔다. 홍은동 아파트 계약할 때의 경험을 이번에는 내가 써보기로 했다.

"안 되겠다. 자기야, 우리 돈이 없잖아. 그냥 가자. 사장님 시간도 늦었는데 죄송해요."
"아니, 그래도 그렇게 가시면…"
"사모님, 죄송합니다. 집이 참 마음에는 드는데요, 돈이 딱 500만 원 부족해서 힘들겠어요. 저희가 신혼부부라서 돈이 없거든요. 먼저 일어날게요. 자기도 나와, 집에 가자."

비닐봉투를 챙겨서 무심하게 부동산을 나왔다. 이렇게까지 했는데 계약이 안 되면 나와는 인연이 없는 것이라고 생각했다. 뭐든 자연스러운 것이 좋기 때문이다. 사실 화장실을 가고 싶기도 했다. 화장실에 들렀다가 나와서 옆에 있던 인테리어 가게를 구경하고 있었다. 10분쯤 지나니 전화가 왔다.

"오빠, 어디야? 그냥 가버리면 어떻게 해. 집주인 사모님이 계약하자고 하시니까 빨리 들어와."

10분쯤 시간을 더 끌다가 마지못한 표정으로 들어갔다. 결국 3억 600만 원으로 계약했다. 최대한 내색을 하지 않으려고 애를 쓰며 마이너스 통장으로 빠르게 계약금을 송금했다.

■ 부동산 매매 계약서

아파트 매매 계약서

매도인과 매수인 쌍방은 아래 표시 부동산에 관하여 다음 계약 내용과 같이 합의하여 매매계약을 체결한다

부동산의 표시

소 재 지	서울시 강남구 수서동			
토 지	지 목	대	면 적	36629.8분의24.502㎡
건 물	구조·용도	철근콘크리트,주거	면 적	39.6㎡

계약 내용

제 1 조 위 부동산의 매매에 대하여 매수인은 아래와 같이 매매대금을 지불하기로 한다.

매 매 대 금	금 삼억육백만	원정(₩306,000,000)	
계 약 금	금 삼천만	원정은 계약시에 지불하고 영수함 (영수자)	(印)
중 도 금	금 일천만	원정은 2014년 12월 15일에 지불하며.	
	금	원정은 년 월 일에 지불하며.	
잔 금	금 이억육천육백만	원정은 2015년 01월 16일에 지불한다.	

제 2 조 매도인은 매수인으로부터 매매대금의 잔금을 수령함과 동시에 매수인에게 소유권 이전등기에 필요한 모든 서류를 교부하고 이전등기에 협력하며, 위 부동산을 2015년 01월 16일   인도한다

제 3 조 매도인은 위 부동산에 설정된 저당권,지상권,전세권 등 소유권의 행사를 제한하는 사유가 있거나 제세공과 기타 부담금의 미납금 등이 있을 때에는 잔금 수수일까지 그 권리의 하자 및 부담등을 제거하여 완전한 소유권을 매수인에게 이전한다. 다만, 승계하기로 합의하는 권리 및 금액은 그러하지 아니한다.

제 4 조 위 부동산에 관하여 발생한 수익과 제세공과금 등의 부담금은 위 부동산의 인도일을 기준으로 하되 그 전일까지의 것은 매도인에게, 그 이후의 것은 매수인에게 각각 귀속한다.

'드디어 강남 아파트까지 왔구나. 이제부터가 진짜 시작이다.'

물건을 내놓은 지 하루 만에 새로운 세입자를 구했다. 2억 원으로 계약했다. 이사 날짜는 매매 잔금일로 맞췄다. 마이너스 통장은 아내와 나의 퇴직금을 중간정산 받아서 바로 채웠다. 일이 척척 진행됐다. 남은 잔금은 7,600만 원이었다.

그 해 12월에는 기존 대출을 다 갚았다. 신혼 때부터 8년간 저축한 월급과 그동안 두 아파트에서 올려 받은 전세 보증금 1억 원, 그리고 틈틈이 집필한 600페이지짜리 영어 교재 원고비로 부동산 투자를 시작한 2008년부터 가지고 있던 모든 대출을 상환했다. 근저당 설정과 말소만 벌써 5번을 반복했다. 그리고 수서까치마을 잔금기일인 2015년 1월에 홍제동 유원하나 아파트를 담보로 6번째 대출 7,800만 원을 새롭게 실행했다.

이번 4번째 소유권이전등기는 법무사 도움 없이 직접 해보려고 했다. 매번 지불하는 법무사 수수료도 아까웠고, 앞으로도 투자를 계속할 것이기 때문에 이번 기회에 배워두면 좋을 것 같았다. 인터넷에 셀프 등기에 대한 정보가 많아서 준비하는 데 어려움은 없었다. 용어와 서식에 익숙해지는 데 시간이 필요하기는 했지만 그럴수록 아파트에 대한 애정이 깊어졌다.

우선 매도인으로부터 부동산매도용 인감증명서를 받아야 한다. 여기에는 매수자의 성명과 주민등록번호, 주소가 기재되어 있어야 한다. 그리고 등기권리증과 주민등록초본을 건네받고 매도인 인감도장으로 소유권이전등기 신청서와 위임장의 매도인 부분에 도장을 찍어야 한다.

매수인이 준비할 것은 주민등록등본, 토지대장, 건축물대장, 취득세 납부영수증, 국민주택채권 매입확인서, 전자수입인지 영수증, 등기신청 수수료 납부영수증, 부동산매매계약서 원본 및 사본, 등기부등본, 소유권이전등기 신청서 그리고 위임장이다.

마지막으로 공인중개사로부터 부동산거래계약 신고필증도 챙겨야 한다.

■ 부동산 소유권이전 등기 준비 서류

구분	소유권이전 등기에 필요한 서류
매도인	부동산매도용 인감증명서, 등기권리증, 주민등록초본, 인감도장
매수인	주민등록등본, 토지대장, 건축물대장, 취득세 납부영수증, 국민주택채권 매입확인서, 전자수입인지 영수증, 등기신청 수수료 납부영수증, 위임장, 부동산 매매계약서, 등기부등본, 소유권이전등기 신청서, 도장
공인중개사	부동산거래계약 신고필증

잔금 당일 날, 매매 잔금과 전세 잔금을 신속하게 치렀다. 매도인 인감도장을 빈 종이에 찍어서 인감증명서의 도장 모양과 같은지도 확인

했다. 예전에 법무사가 하는 것을 보고 어깨 너머로 배운 기술이었다.

한겨울 칼바람을 뚫고 강남구청 세무과로 갔다. 취득세 신청서를 작성하고 고지서를 발급받았다. 1층 은행에서 취득세를 납부하고 영수증을 챙겼다. 국민주택채권 11만 4,000원과 등기신청 수수료 1만 5,000원을 납부했다. 15만 원짜리 전자수입인지도 구입했다. 서류와 영수증 한 뭉치를 들고 서울중앙지방법원 등기국으로 향했다. 민원실에서 1차적으로 서류를 검토받고 최종 제출을 완료했다. 등기가 완료되면 등기필증을 우편으로 보내주는 서비스가 있어서 3,000원을 내고 신청했다. 3시간 만에 셀프 등기를 마무리했다. 2시가 넘어서 등기소 앞에서 먹는 점심은 꿀맛이었다.

하루 만에 구한 첫 번째 세입자는 개인 사정으로 1년 만에 이사를 나갔다. 그 사이에 전세 시세가 올랐다. 두 번째 세입자인 신혼부부는 2억 6,000만 원에 들어왔다. 전세 계약서를 작성할 때 세입자의 시어머니가 등본에서 나의 매수가격을 확인하고는 아들에게 눈치를 주며 이렇게 말했다.

"젊은 사람들이 투자를 잘했네요. 우리 아들도 어서 집을 사야 할 텐데요."

올려 받은 보증금 6,000만 원으로 수서까치마을 아파트를 매수할 때 받은 대출을 갚았다. 2년 후에는 2억 9,000만 원으로 세 번째 세입자가 들어왔다. 퇴직금 중간정산으로 투자한 원금 3,000만 원까지 모두 회수했다.

취득세, 등기비용, 중개 수수료 그리고 처음 1년간 대출 이자까지 약 600만 원이 투입되었다. 2020년 12월 현재 이곳의 시세는 12억 원이 넘는다. 수서까치마을 아파트의 목표 수익률은 30,000%이다.

15

최고의 수익률 공식
'적은 돈×오랜 시간'

얼마 지나지 않아서 또 신청하겠지만, 그래도 대출금을 상환하고 근
저당말소등기를 접수하는 일은 언제나 즐겁다. 은행 대출 상담 번호표
를 뽑고 기다리고 있었다.

"오빠, 우리는 돈 갚는 건 참 잘하는 거 같아."

"우리가 월급 모으는 것보다 더 많은 돈이 2년마다 전세금으로 들
어와서 그렇지 뭐. 세입자들이 우리 대신해서 빚도 갚아주고 고생하고
있잖아."

"전세 말고 월세를 받는 건 어때? 그런데 월세는 좀 그렇다고 했지?"

"월세는 일단 매달 신경 쓰는 게 힘들 거 같아서. 우리 같은 직장인
들이 지방 빌라 여러 채 사서 관리하는 건 불가능하잖아. 하지만 아파
트는 전세금이 오르면 이렇게 대출금을 갚을 수도 있고, 이 돈으로 다

음 투자를 또 할 수 있으니 우리한테는 이 방법이 잘 맞는 거 같아."

　홍은동 아파트에서는 4년 사이에 7,000만 원, 행신동에서도 4년 만에 7,000만 원, 수서까치마을 아파트에서는 2년 사이에 9,000만 원이 들어왔다. 아파트 3채에서 들어온 현금만 2억 3,000만 원이다.

■ 투자한 아파트의 전세금 인상 변화

연도	홍은동 벽산	행신동 소만마을	수서까치마을
2010년	▲ 3,000만 원	–	
2012년	▲ 2,000만 원	▲ 3,000만 원	–
2014년	▲ 2,000만 원	동결	
2016년	매도	▲ 4,000만 원	▲ 6,000만 원
2018년	–	매도	▲ 3,000만 원

　"지금까지 투자한 것 중에는 수서까치마을 아파트가 최고였던 거 같아. 투자금도 다 회수하고, 취득세와 대출 이자 들어간 게 600만 원밖에 안 되잖아. 이제부터 수익률은 진짜 무한대로 나오겠는데?"

　"그때 퇴직금 중간정산 받아서 잔금 낸 거 잘한 거 같아. 퇴직계좌 DC형으로 바뀌면서 퇴직금이 마이너스 수익률이 났을 수도 있었을 거 아냐."

　"수서까치마을 경우처럼 적은 돈으로 투자해서 오랜 시간을 묵히는 게 수익률이 진짜 높은 거 같아. 여기는 입지가 좋아서 리모델링이든 재건축이든 거주 환경 개선에 대한 요구가 시간이 지날수록 커질 수밖에 없거든. 대략 10년 후에 신축으로 바뀌면 시세는 지금하고 비교도 안 될 거야."

"그런데 처음부터 600만 원으로 강남 아파트를 살 수는 없잖아. 이렇게 적은 돈을 투자하려면 결국 전세금이 계속 올라서 투자금을 회수하는 방법밖에 없겠네."

몇백만 원으로 강남 아파트에 투자하는 것은 불가능하다. 하지만 생각을 바꾸면 된다. 초기에 투입된 투자금은 매년 오르는 전세 보증금을 통해서 회수할 수 있기 때문이다. 결국 실제 투자금은 취득세와 그동안의 대출 이자 정도밖에 되지 않는다.

■ 2003년 11월~2020년 6월, 서울 아파트 전세가격 지수

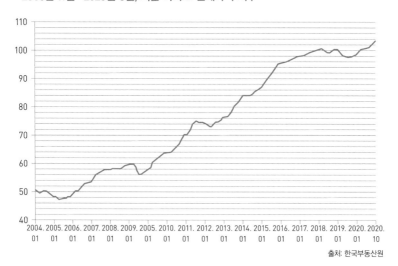

출처: 한국부동산원

이런 투자가 가능하려면 무엇보다도 전세가격이 올라야 한다. 앞의 그래프는 한국부동산원에 공개된 2003년 11월부터 2020년 10월까지의 서울 아파트 전세가격 지수이다. 계절적 영향으로 인한 일시적인 조정 기간이 있겠지만, 전세 만기가 돌아오는 2년 후에는 언제나 상승했다는 것을 알 수 있다.

한편, 투자자가 매수한 주택은 민간임대시장의 대부분을 차지한다. 하지만 각종 부동산 정책과 규제로 인해서 투자 수요가 감소하면 매매 거래량이 줄어든다. 결국 전월세 물량이 감소하게 되고, 그 결과 전월세 시세가 상승하게 되는 순환이 반복된다.

■ 규제와 전월세 상승 순환

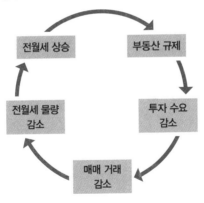

이렇게 전세가 오르는 데에는 물가 상승의 영향도 있다. 물가가 상승하면 실물자산인 아파트의 상대적 가치가 오르게 되고, 이는 전세가

격에도 전달되기 때문이다. 그런데 통계청 자료를 살펴보면 지난 20년

간 물가는 매년 올랐다. 통화량의 팽창이 계속되는 한 물가 상승 역시

계속될 것이다.

■ 2000~2019년 소비자물가 상승률(단위: %)

2000년	2.3%	2005년	2.8%	2010년	2.9%	2015년	0.7%
2001년	4.1%	2006년	2.2%	2011년	4.0%	2016년	1.0%
2002년	2.8%	2007년	2.5%	2012년	2.2%	2017년	1.9%
2003년	3.5%	2008년	4.7%	2013년	1.3%	2018년	1.5%
2004년	3.6%	2009년	2.8%	2014년	1.3%	2019년	0.4%

출처: 통계청

근로자의 평균임금도 전세가격에 영향을 준다. 전국 정규직 근로자

의 월평균 임금은 2004년 8월 184만 원으로 시작해서 2019년 8월에

■ 2004~2019년 정규직 월평균 임금(단위: 만 원)

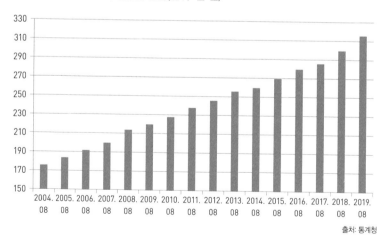

출처: 통계청

는 316만 5,000원으로 상승했다. 늘어난 소득과 저금리의 전세자금대
출을 통해서 물가 상승으로 인해 상승된 주거비용을 감당하고 있는 것
으로 보인다.

결국 서울 아파트 전세가격은 서울 주요 입지에서의 대규모 물량
공급과 적극적인 규제 완화 조치가 시행되지 않는 한 좀처럼 내려가지
않을 것으로 전망된다.

그럼 투자한 아파트를 얼마나 보유하면 매수금액이 전세가로 변하
는 시점이 올까? 지역별로 그리고 개별 아파트마다 모두 상황이 다르겠
지만, 내가 투자했던 아파트의 경우는 다음과 같았다.

아파트	매수금액	소유권 이전	전세가격	전세 실거래일	기간
유원하나	2억 2,000만 원	2008년 09월	2억 2,000만 원	2014년 10월	73개월
홍은벽산	2억 1,500만 원	2009년 05월	2억 1,000만 원	2015년 05월	72개월
소만마을	1억 5,400만 원	2010년 04월	1억 5,000만 원	2013년 07월	39개월
까치마을	3억 600만 원	2015년 01월	3억 2,000만 원	2015년 10월	9개월
파크리오	7억 3,000만 원	2015년 12월	7억 2,000만 원	2017년 09월	21개월

매수금액이 전세가로 변하는 데 걸리는 기간은 짧게는 9개월에서
길게는 73개월이 걸렸다. 평균을 내보니 42개월, 즉 4년이 채 걸리지
않았다. 전세 임대를 2번만 주면 되는 시간이다. 초기 투자금을 모두 회

수한 후부터의 수익률은 무한대가 된다.

일반적으로 적은 돈으로 오랜 시간 투자하는 대표적인 상품은 복리 이자가 적용된 적금이다. 적금의 원리는 적은 돈을 매달 일정하게 납입하고 나중에 큰돈을 돌려받는 것이다. 시간의 힘을 이용해서 복리 효과를 최대로 누리는 것이다.

■ 2% 이자율 적금 복리 예시(단위: 원)

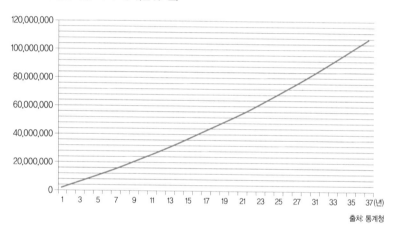

출처: 통계청

2%의 월복리 상품을 통해서 매달 16만 6,000원씩 납입하면 세금을 제하고 1억 374만 원을 손에 쥘 수 있다. 시간의 힘을 이용해서 소액으로 목돈을 만들 수 있는 놀라운 방법이다. 하지만 그래프를 다시 한번 자세하게 살펴봐야 한다.

1억 원이 되는 시점은 언제인가? 무려 37년 후이다. 33세에 적금을 넣기 시작하면 70세가 되어야 1억 원을 받을 수 있다. 70세라면 이미 타의에 의해 은퇴를 하게 된 시점이 될 것이다.

역발상을 해보자.

이런 복리 효과는 아파트 투자를 통해서도 얼마든지 가능하다. 주택담보대출을 통해 1억 원을 은행에서 빌리면 어떨까? 대출 금리가 2%일 경우, 매달 이자는 16만 6,000원이다. 매달 지출되는 돈은 적금이나 대출이나 16만 6,000원으로 모두 동일하다. 1억 원이라는 목돈을 37년 후에 받느냐, 아니면 당장 받느냐가 다를 뿐이다. 현명한 투자가 수반된다면 37년을 기다릴 필요 없이 37개월 만에라도 투자 원금을 회수하고 만족스러운 결과를 만들어낼 수 있다.

투자는 복리 적금과 같다. 복리 적금은 적은 돈으로 시간의 힘을 이용해 최대의 수익을 낸다. 부동산 투자 역시 대출 이자라는 비교적 적은 돈을 투자하여 전세 보증금을 통한 투자금 회수는 물론, 장기 보유를 통해 최대의 수익을 낼 수 있는 것이다.

16

롯데월드보다 더 좋은 곳,
잠실파크리오

수서까치마을 아파트 매수 이후로 강남을 자주 갔다. 수서역세권 개발 현장에 직접 가서 진행 상황도 확인했고, 일원역에서 삼성생명의 건물이 올라가는 것도 정기적으로 체크했다. 그럴수록 홍제동을 떠나 더 나은 주거 환경에서 살고 싶은 마음이 점점 커졌다. 다음 레벨로 업그레이드를 할 때가 된 것 같았다. 투자를 시작한 지 8년째이다. 뭔가 가시적인 결과가 필요했다. 투자로 사놓은 수서까치마을 아파트로는 채워지지 않는 무언가가 있었다. 강남 아파트를 가지고만 있을 뿐, 여전히 홍제동에 살고 있었기 때문이다.

새로운 목표가 생겼다. 강남으로 이사를 가는 것이었다. 어제까지는 꿈에 불과했지만 한번 목표를 세운 이상 실현하는 건 나에겐 시간 문제였다.

동네 헬스장에서 운동을 하며 아내와 대책 회의를 했다.

"지금까지 나만 회사 편하게 다녔으니, 이제 자기 회사랑 가까운 곳으로 이사 가자."

"방배동으로? 나야 좋지. 고터에서 갈아타는 게 너무 힘들기는 해. 점점 사람이 많아지는 거 같아."

"대충 찾아봤는데 강북 아파트 3채 다 팔고 대출을 조금 더하면 20평대 7억 원짜리는 가능할 거 같아."

"우리도 강남에서 살아보는 거야?"

"부자들이 많아서 우리 같은 구멍가게 월급쟁이들이 버틸 수나 있을지 모르겠다."

"여기처럼 마을버스를 타지 않아도 되는 2호선 역세권 아파트도 있을까?"

"이제 좀 자세하게 찾아봐야지. 나는 백화점, 쇼핑몰, 영화관, 대형마트 중에서 2개 이상은 걸어서 갈 수 있으면 좋겠어."

서초구에서는 방배동, 우면동, 잠원동을, 강남구에서는 도곡동, 역삼동, 대치동, 일원동, 일원본동을, 송파구에서는 잠실과 문정동을 알아봤다. 메르스가 유행할 때라서 집 보기가 쉽지 않았다. 강북에서 왔다고 집 보여주기를 거절한 집주인도 있었다.

강남 어느 동네, 어떤 아파트의 시세가 얼마인지 이제 훤히 꿰뚫게 되었다. 30년 이상 멀리 있던 강남은 어느덧 내 손 안에 있었다.

가장 큰 매력을 느낀 곳은 잠실이었다.

잠실에는 롯데월드만 있는 줄 알았다. 대단지 아파트들이 이렇게 많을 줄은 몰랐다. 잠실 롯데백화점과 롯데월드도 가봤고, 회사 행사 때문에 학생 체육관에도 자주 갔었는데 이렇게 많은 아파트가 있다는 것을 왜 알아차리지 못했을까?

'관심이 없으니 눈에도 안 들어왔구나. 돈에 관심이 없으면 돈 버는 방법도 안 보이겠네.'

서울에서 가장 젊은 연령대가 거주하는 곳이 잠실이었다. 그래서 그런지 잠실을 가리키는 표현 중 하나가 '맞벌이 월급쟁이의 로망'이었다. 잠실이 왜 그렇게 불리는지는 쉽게 알 수 있었다. 잠실에 있는 아파트는 2호선 역세권이 아닌 곳이 없었다. 드넓은 평지 위에 쭉 뻗은 넓은 도로와 인도는 보고만 있어도 가슴이 뻥 뚫리는 것 같았다. 백화점이 2개나 있고, 쇼핑몰, 면세점, 영화관, 3개의 대형서점과 대형마트, 대학병원, 석촌호수, 한강, 올림픽공원까지 젊은 부부들에게 매력적인 조건을 잘 갖추고 있었다. 국내 최고층의 랜드마크 건물이 같은 동네에 있다는 것만으로도 자부심이 생길 것 같았다.

잠실에 있는 아파트 중에서 재건축 이슈로 인한 개발 호재까지 갖춘 장미 아파트로 90% 이상 마음을 정했다. 장미 1차 1동과 장미 2차 27동 사이에서 최종 결정을 앞두고 있었다. 잠실역이냐 잠실나루역이냐 사이에서 며칠을 고민했다. 장미 1차 1동 바로 앞에 있던 은행 건물이 공사를 하고 있었는데, 고층으로 지어지면 시야가 답답할 것 같았다.

■ 2015~2020년 서울 30~49세 인구수 상위 1~3위 자치구(단위: 명)

30~49세 인구수		2015년	2016년	2017년	2018년	2019년	2020년
송파구	30~34세	5만 7,698	5만 4,021	5만 3,332	5만 691	4만 9,692	4만 9,054
	35~39세	5만 2,691	5만 3,463	5만 5,639	5만 6,566	5만 5,846	5만 3,377
	40~44세	5만 6,323	5만 3,001	5만 1,422	4만 9,510	4만 8,412	4만 8,998
	45~49세	5만 3,947	5만 4,303	5만 5,489	5만 5,383	5만 4,162	5만 2,588
	합계	22만 659	21만 4,788	21만 5,882	21만 2,150	20만 8,112	20만 4,017
강서구	30~34세	5만 4,667	5만 2,956	5만 1,849	5만 77	4만 9,415	4만 9,756
	35~39세	4만 9,480	5만 1,032	5만 3,566	5만 4,667	5만 4,703	5만 2,547
	40~44세	4만 8,466	4만 7,168	4만 6,532	4만 5,392	4만 4,615	4만 5,745
	45~49세	4만 3,585	4만 4,685	4만 6,066	4만 7,282	4만 7,396	4만 6,916
	합계	19만 6,198	19만 5,841	19만 8,013	19만 7,418	19만 6,129	19만 4,964
강남구	30~34세	5만 845	4만 7,329	4만 3,376	4만 1,861	4만 1,164	4만 1,219
	35~39세	4만 4,504	4만 5,661	4만 5,774	4만 5,908	4만 5,545	4만 3,397
	40~44세	4만 8,001	4만 6,106	4만 4,094	4만 3,632	4만 3,126	4만 3,594
	45~49세	5만 113	5만 1,047	5만 1,791	5만 1,989	5만 1,286	4만 9,910
	합계	19만 3,463	19만 143	18만 5,035	18만 3,390	18만 1,121	17만 8,120

출처: 통계청

그래서 잠실나루역이 가깝고 한강을 볼 수 있는 장미 2차 27동으로
마음이 조금 더 기울어지고 있었다.

"그런데 오래된 아파트라서 실거주하면 불편할 거 같기는 해. 주차
도 그렇고. 옆에 파크리오 아파트는 어때?"

"새 아파트가 좋기는 한데, 파크리오는 벌써 7년이나 됐는데 더 이
상 가격이 안 오르면 어떡하지?"

"나도 그게 걱정이 좀 되는데, 젊을 때 좋은 아파트에서 살아보는 것
도 괜찮을 거 같아. 재건축이라는 게 3년 후가 될지 10년 후가 될지 알
수 없는 거잖아. 롯데월드타워가 완공되면 주변 시세에 영향을 줄 것
같고, 파크리오 앞에 진주 아파트하고 미성·크로바 아파트도 재건축하
고 있거든. 여기에 새 아파트 들어서면 파크리오도 시세가 어느 정도는
같이 상승하겠지. 반포가 그랬거든. 9호선 개통과 함께 새 아파트가 계
속해서 공급되면서 시세가 엄청 올랐어."

"새 아파트가 얼마나 좋은지 내일 파크리오도 구경 한번 해보자."

2015년 9월, 잠실나루역으로 갔다. 단지에 대한 간단한 설명을 끝
낸 후 부동산 실장님은 우리를 3단지로 안내했다. 1단지에서 공원 같
은 중앙통로를 따라서 15분쯤 걸어갔다. 국내 최대 단지라서 그런지 정
말 넓었다. 크고 작은 공원들도 많고 나무가 워낙 많아서 단지 자체가
거대한 공원 같았다.

헬멧을 쓴 아이들이 줄지어 인라인 스케이트를 타는 모습이 인상적이었다. 10여 명의 아이들이 함께 어울려 야구를 하고 있는데 테니스공이 아니라 딱딱한 야구공이었다. 경기를 많이 해본 솜씨 같았다. 그늘에는 엄마들이 모여서 아이들을 바라보고 있었다. 아이와 함께 배드민턴을 치는 아빠도 보이고, 동생한테 자전거 타는 법을 가르쳐주는 오빠의 모습도 보였다. 쭉 뻗은 중앙통로를 따라서 킥보드를 타고 씽씽 내달리는 어린 아이들 모습이 행복해 보였다.

처음 본 집은 3단지 고층 26평이었다. 그런데 현관 앞이 북적거렸다. 집을 잘못 찾은 줄 알았다. 다른 부동산에서 온 손님들이 기다리고 있었다. 총 3팀이 집을 같이 봤다. 집 보는 사람 7명에 부동산 관계자들 3명까지 10명이 우르르 들어갔다. 집들이에 초대받은 것 같았다. 휴지라도 사올걸 그랬다.

"독일 직구로 산 인덕션인데요. 이거 백화점에서는 300만 원도 넘거든요."
"베란다는 앞뒤 모두 확장했고요. 에어컨도 2년밖에 안 되었어요."
"B타입 작은방 베란다가 조금 더 넓은 거 아시죠?"
"이쪽으로는 올림픽공원이 보여요. 단풍 들면 정말 끝내줍니다."

집주인은 매물 설명에 신이 나 보였다. 부동산 실장님보다 집주인이 설명을 더 많이 했다. 집 구경이 끝나고 나가려는데 집주인이 한 부동산 사장님을 불렀다.

"사장님, 저희 집은 인테리어만 3,000만 원 이상 들었거든요. 7억 5,000만 원으로 가격 올려야 할 거 같아요."

"7억 2,000만 원에 손님 모시고 왔는데 갑자기 가격을 올리시면 저희 입장도 곤란하죠."

"7억 5,000만 원 아니면 안 팔게요. 다음 팀들도 계속 약속이 되어 있거든요."

신기한 광경이었다. 손님들 7명이 지켜보는 앞에서 눈 하나 깜짝하지 않고 웃는 얼굴로 3,000만 원을 올렸다. 한마디로 살 사람은 많으니 비싸면 사지 말라는 것이었다.

이어서 1단지 물건을 보러 갔다. 다시 10분 넘게 걸어갔다. 105동 앞에서 조금 기다리니 젊은 집주인이 왔다. 계속 전세만 줬기 때문에 본인도 집 상태가 궁금해서 같이 보고 싶다고 했다. 전세로 내준 집에 매도인과 매수인이 같이 보러 가는 어색한 상황이 연출되었다.

현관문을 열자마자 거실 앞에 펼쳐진 웅장한 모습의 롯데월드타워는 말 그대로 압도적이었다. 상하좌우 막힘없는 파노라마 같은 거실 뷰는 그동안 봤던 모든 아파트 중에서 단연 최고였다. 저 멀리 삼성역 코엑스 건물까지 보였다. 이게 끝이 아니었다. 주방 베란다에서는 감탄사가 절로 나오는 한강 뷰가 펼쳐졌다. 강변역 테크노타워 건물이 푸른 한강에 비치고 있었다.

'그래, 이 집이구나!'

소름이 돋았다. 집에도 인연이 있다는 말을 실감하는 순간이었다. 정신을 차리고 꼼꼼하게 집을 살폈다. 세입자가 5년이나 살아서 그런지 살림살이가 많았다. 조금이라도 공간만 있으면 빼곡하게 물건들이 가득 차 있었다. 싱크대 문짝은 박살이 나 있었고, 마루도 손상된 곳이 많았다. 괜찮았다. 앞뒤 베란다 전망에 마음을 빼앗겨서 그런 사소한 문제들은 하나도 눈에 들어오지 않았다. 집 상태는 100점 만점 중에 90점 이상은 되었다.

거실 베란다 섀시를 열어보니 저 아래 초록색 2호선 지하철이 지나가고 있었다. 햇빛에 반사되어 반짝거리는 롯데월드타워 건물과 함께 어우러져 마치 뉴욕 브루클린 같았고, 런던 카나리 워프에 온 느낌이었다.

"우와, 집 너무 좋다. 새 아파트가 정말 좋네"

아내 역시 나와 같은 감동을 받았던 것이다. 1층으로 내려오자마자 집주인에게는 들리지 않도록 애를 쓰며 상기된 얼굴로 감탄사를 소곤소곤 터뜨리는 아내의 표정을 아직도 잊을 수 없다.

"집 좋지? 이 집으로 계약할까? 저기 지하철역까지는 30초면 가겠는데?"

"그래, 이걸로 하자. 우리가 평생 여기서 살면 되지 뭐. 시세 안 올라도 상관없을 정도로 참 좋네."

"실거래가 보니까 몇 년 바닥 찍고 이제 살짝 오르려고 하는 순간 같거든. 시도는 해보겠지만 안 깎아줘도 그냥 계약하자. 1단지 고층 물건 구하기도 쉽지 않을 거 같아서 그래. 집주인 인상도 좋네."

"그런데 7억 원이 넘는 거라 좀 떨린다."

8호선과 올림픽공원이 가까운 3단지보다는 아무래도 2호선 역세권을 선택하는 것이 훨씬 나을 것이라고 판단했다. 출퇴근 시간에 걸어서 15분이면 정말 긴 시간으로 느껴질 것 같았다. 휴대폰이나 우산이라도 깜박 놓고 나왔을 경우 다시 돌아간다는 건 생각만 해도 끔찍했다. 1단지 고층에 확장된 물건, 거실에서는 롯데월드타워와 코엑스까지 한 번에 보이고, 주방 쪽에서는 한강 뷰가 가능했다. 집 상태도 괜찮은 편이었다. 26평 중에서는 최고 로열 물건이라는 확신이 들었다. 가격도 최근 실거래가 범위 안에 있는 합리적인 수준이었다. 가격 조정보다는 이 물건을 꼭 잡아야 한다는 생각이 더 앞섰다.

한두 번 시도하고 가격 조정을 깨끗하게 포기하니 계약이 빠르고 순조롭게 진행되었다. 사장님이 나눠준 계약서를 들고 있는 내 손이 바들바들 떨렸다. 지금까지 들어본 계약서 중 가장 무거웠다. 마지막으로 도장을 찍기 직전에 혹시나 해서 던져봤다.

"저, 딱 500만 원만 빼주시면 안 될까요?"

인상 좋은 집주인은 잠시 고민하더니 시원하게 대답했다.

"그럼 매매금액은 7억 3,000만 원 그대로 하고, 대신 제가 양쪽 복비를 다 부담할게요."

말 한마디에 500만 원을 벌었다. 방금 출력한 등기부등본에서 집주인의 이전 매수 내역을 확인했다. 취득세와 재산세만 계산해도 이제 막 본전이 되는 시점에 내가 나타난 것이었다. 5년간 마음고생이 많았었는지 계약이 성사된 것만으로도 다행이라는 매도인의 표정이 엿보였다. 집주인은 잘 팔았고, 나도 잘 사는 모두가 기분 좋은 기대였다.

집주인의 배려로 계약금 일부만 우선 송금하고, 열흘 후에 수서까

■ 부동산 매매 계약서

치마을 아파트를 담보로 7,800만 원의 대출을 실행해서 나머지 계약금을 완납했다. 만기까지 1년 남은 전세 계약의 보증금은 4억 8,000만 원이었다. 당시 전세 시세는 6억 5,000만 원이었다. 입주 가능한 물건이었다면 전세를 새로 놓아 투자금을 줄일 수 있었을 것이다. 대신 우리가 입주할 날짜는 1년 뒤로 늦춰질 것이다. 그래서 좋게 생각했다. 이자를 조금 더 내는 대신에 이제 딱 1년만 있으면 이곳 잠실로 이사올 수 있기 때문이었다.

'아, 작년에 러버덕 행사 때 여기 석촌호수에 왔었는데.'

잠실은 러버덕 같은 이벤트가 있을 때나 한 번씩 오는 곳이었다. 게다가 상암동 DMC 랜드마크 개발도 백지화되고, 단군 이래 최대 도심 개발사업인 용산국제업무지구 개발도 무산된 가운데 초고층 랜드마크 프로젝트 중에서 유일하게 진행된 잠실 롯데월드타워. 바로 그 앞에 있는 아파트 매수 계약서를 들고 있다니, 벅차오르는 감정과 흥분이 교차하며 꿈을 꾸는 것만 같았다.

하루에도 몇 개씩 실거래 가격이 등록되고 있었다. 분위기가 심상치 않았다. 이 정도 거래량이면 가격 상승을 동반할 수밖에 없다. 첫 아파트 때와 같은 억울한 일을 다시 겪을 수는 없었다. 중도금을 미리 보내야 했다. 마침 추석 연휴 직전이어서 명분은 좋았다.

"사장님, 내일부터 추석 연휴잖아요. 매도인도 돈 쓸 데가 있을 거 같은데, 중도금을 오늘 미리 보내드릴게요. 매도인한테 확인 좀 부탁드립니다."

부동산에서 바로 전화가 왔다.

"중도금 미리 주신다니 집주인도 좋아하시네요. 계좌 아시죠? 3,000만 원 송금하시고 저한테 문자메시지 하나 보내주세요. 중도금 영수증은 따로 발급하지 않고, 나중에 잔금 치를 때 한꺼번에 하는 걸로 할게요."

하루하루 마음 졸이던 중도금 날짜가 무사히 지났고, 두 달이 더 흘러 잔금일이 되었다. 파크리오 잔금 이틀 전에 홍은동 아파트 매도 계약도 성사되었다. 여름부터 내놓은 집이 겨울이 되어서야 팔렸지만, 큰 틀에서 보면 계획대로, 마음먹은 대로 잘되고 있었다.

양도세 기본 공제 250만 원을 고려해서 1년에 1채씩 매도할 계획이었다. 홍은동 아파트 잔금은 전세 만기에 맞춰 2016년 3월로 잡았다. 잠실에 이사 들어가는 2017년 초에 홍제동 아파트를 매도하고, 그다음 해에 마지막으로 행신동 아파트를 매도할 예정이었다.

마이너스 통장에서 보낸 중도금과 나머지 잔금을 치르기 위해 홍제동 아파트를 담보로 1억 8,000만 원의 대출을 새롭게 실행했다. 파크리오 전세 보증금 4억 8,000만 원을 제외한 잔금 2억 5,000만 원을 수서 까치마을과 유원하나 아파트 담보대출로 해결한 것이다.

파크리오 아파트 역시 셀프 등기로 처리했다. 취득세만 1,606만 원을 냈다. 6개월 치 월급이었다. 국민주택채권 22만 4,870원, 전자수입인지 15만 원, 등기신청 수수료 1만 5,000원도 능숙하게 냈다. 송파 등기소 바로 앞 도로는 9호선 지하철 공사가 한창이었다. 1층 민원 담당자로부터 서류 준비를 잘해왔다고 칭찬까지 받았다. 서울중앙지방법원 등기국과는 다르게 등기소에 비치된 우표가 없어서, 등기소 건너편 알파문구에서 3,000원짜리 우표를 사왔다. 이틀 만에 등기가 완료됐다. 두 번째 셀프 등기도 성공적으로 마무리되었다.

17

투자 계획서를 작성하면
결정이 쉬워진다

투자를 결정하는 데에는 다양한 이유가 있다.

'싸니까 일단 사놓으면 언젠가 오르겠지.'

'그냥 회사와 가까우니까 이 아파트를 사자.'

'부모님 댁이 가까워야 아기 맡기기에 편하니까 여기로 하자.'

'이 동네에 지하철 생긴다는 소문이 있으니 한 10년쯤 묻어두면 오르지 않을까?'

내가 그랬다. 돈에 맞춰서 아파트를 샀고, 회사 가까운 곳을 선택했고, 싸니까 샀다.

회사에서는 작은 일을 하나 하더라도 여러 차례의 회의를 거친 후 다양한 의견을 종합하고, 각종 데이터를 모아 설득력 있는 기획안을 작성하고, 결과에 대한 보고서까지 작성해야 한다.

아파트 투자는 이것과는 비교도 안 되는, 어쩌면 한 가정의 미래가 걸린 중대한 결정을 내리는 일이다. 게다가 수억 원의 개인 자금을 다뤄야 하는 대형 프로젝트이다. 아파트 투자도 비즈니스다. 아파트 투자도 사업과 다를 게 없는 것이다. 따라서 적어도 나와 내 가족을 설득할 수 있는 투자 계획서를 작성해야겠다는 생각이 들었다. 투자 계획서라고 해서 꼭 거창할 필요는 없었다. 어려운 용어와 전략도 필요하지 않았다. 투자하고 싶은 아파트에 대해 조사한 내용을 보기 좋게 정리한다는 마음으로 시작했다.

처음에는 빈 종이에 아무렇게나 적기 시작했다. 현재 거래 가능한 매물의 가격, 전세 가능 가격, 최근 실거래 가격 등을 적었다. 인근 개발 호재도 적어놓았고, 지하철역과의 거리도 재보았다. 대출 가능 여부를 확인해서 연간 부담하게 될 이자를 계산해봤다. 생활비 지출 내역을 점검해서 더 줄일 수 있는 부분은 없는지 확인했다.

몇 번의 시행착오를 거쳐 어느덧 나만의 투자 계획서를 갖춰나가기 시작했다. 투자 계획서는 4부분으로 구성했다. 첫 번째 기본 조사, 두 번째 매수 이유, 세 번째 자금 계획 그리고 마지막으로 시세 예측이다.

첫 번째로 기본 조사에는 현재 시세, 연식, 세대수, 주차대수, 용적률, 건폐율, 지분, 토지, 공시가격 등이 포함된다. 공시가격까지 미리 파악해 놓음으로써 재산세와 종합부동산세에 대해 미리 생각해두었다.

■ 2015년 매수 당시 조사한 잠실파크리오 아파트 기본 내역

매매가	7억 2,000만~ 7억 5,000만 원	실거래 매매 최고가	7억 5,000만 원 (2015. 08)
전세가	6억 3,000만~ 6억 5,000만 원	실거래 전세 최고가	6억 5,000만 원 (2015. 08)
연식	2008. 08	세대수	6,864
주차	1.42	지분	27.25㎡
용적률	283%	건폐율	14%
토지(㎡)	3종(809.9만 원)	공시가격	5억 200만 원

아파트 기본 조사를 위해서 부동산 매물 사이트와 국토교통부 실거래가공개시스템(rt.molit.go.kr), KB부동산 리브온(onland.kbstar.com), 대법원 인터넷등기소(www.iros.go.kr), 정부24(www.gov.kr), 통계청 (kostat.go.kr) 홈페이지 그리고 여러 사설 부동산 매물 사이트를 살펴보면 많은 공부가 될 뿐만 아니라 투자 인사이트를 발견하기도 한다.

두 번째로 아파트 매수 이유를 명확하게 파악해야 한다. 해당 아파트를 왜 매수해야 하는지 그 이유를 구체화하는 것이 좋다. 입지, 호재, 인프라 개선, 개발 가능성, 학군, 수요, 환경이라는 카테고리 안에 어떤

장단점을 채울 수 있는지 고민하다 보면 투자 여부에 대해 객관적으로 판단할 수 있게 된다.

그런데 아파트 매수 이유를 생각하며 장단점을 조사하다 보면 비슷한 입지의 여러 아파트 가운데 어떤 아파트가 더 나은지 고민될 때가 있다. 예를 들어, 어떤 아파트는 학군이 좋아서 선호도가 높은 장점이 있지만 반대로 주변 편의시설이 부족하다. 그리고 다른 아파트는 오래되어서 실제 거주하기에는 불편하지만 개발 이후 미래 가치는 매우 높은 경우가 있다.

개인마다 상황이 다르기 때문에 절대적으로 어떤 아파트가 더 좋다고 할 수는 없다. 그래서 개인의 상황을 고려한 아파트 선택 방법이 필요하다. 이럴 때는 개인적으로 중요하게 여기는 요소에 가중치를 부여하여 수치화하면 선택하는 데 도움이 된다.

자녀를 위해서 학군에 높은 가중치를 적용할 수도 있고, 출퇴근을 중요하게 여기면 역세권에 높은 가중치를 둘 수도 있다. 주변 개발 호재와의 물리적 거리를 중요하게 볼 수도 있고, 재건축과 리모델링 같은 개발 가능성을 높게 평가할 수도 있다.

그다음 각 항목에 대해서 아파트별로 개인적인 평가를 한다. 마지막으로 각 항목의 가중치와 평가 점수를 곱하여 최종 점수를 구한다. 여기도 좋고, 저기도 좋은 것 같아서 쉽게 결정을 내리기 힘든 상황에서 이러한 방식을 사용하면 객관적인 숫자를 통해서 보다 합리적으로 결정을 내리는 데 도움이 된다.

수서까치마을 아파트의 경우 대청역 인근의 대치 2단지 아파트와 수서역 주변의 신동아 아파트가 비교 대상이었다. 개인적인 평가를 〈아파트 투자 이유 분석표〉로 정리했다.

강남의 소형 아파트라는 희소성과 지하철 역세권 항목은 세 아파트가 모두 동일했다. 수서역세권 개발 영향은 신동아 아파트에 높은 점수를 줬고, 대치 2단지는 삼성동 개발로부터 가장 많은 영향을 받을 것이라고 평가했다. 하지만 주변 임대 아파트 위치, 선호하는 학군 그리고 일원역 삼성생명 건물의 완공으로 인한 인프라 개선 항목에서 수서까치마을에 높은 평가를 부여했다. 그렇게 결국 총점은 927점, 777점, 600점으로 나왔다. 이런 결과는 최종 매수 결정에 도움을 주었다.

투자 계획서를 구성하는 세 번째 요소는 구체적인 자금 계획을 세워보는 것이다. 이를 통해 혹시 재정 상황에 무리가 되는 투자인지 아닌지 명확하게 확인할 수 있다. 따라서 시간에 쫓기지 않는 안전한 투자를 할 수 있다. 아파트는 장기 투자가 기본이 되어야 하기 때문이다.

■ 아파트 투자 이유 분석표

아파트 투자 이유 분석		가중치	개별 평가점수[총점]		
			수서까치	대치2	신동아
입지	강남구 소형 아파트 희소성	10	10[100]	10[100]	10[100]
	3호선 지하철 역세권	10	10[100]	10[100]	10[100]
	주변 임대아파트 위치	8	10[80]	2[16]	2[16]
	노후된 소형 아파트	−5	5[−25]	5[−25]	5[−25]
호재	수서역세권 개발	10	9[90]	6[60]	10[100]
	영동대로 지하 공간 개발	10	8[80]	10[100]	5[50]
	GBC 건설	10	8[80]	10[100]	5[50]
	개포지구 신축 아파트 입주	5	5[25]	5[25]	4[20]
	대모산터널 개발	5	7[35]	7[35]	3[15]
인프라	일원역 삼성생명 건물 완공	8	10[80]	3[24]	3[24]
개발	리모델링, 재건축 가능성	9	7[63]	7[63]	7[63]
	높은 용적률	−5	5[−25]	2[−10]	5[−25]
학군	왕북초, 대왕중, 중동고 학군	8	10[80]	5[40]	2[16]
수요	삼성병원 임직원, 환자 수요	5	9[45]	7[35]	6[30]
	수서역 출퇴근 수요	3	8[24]	5[15]	10[30]
	삼성동 일자리 증가	4	8[32]	9[36]	3[12]
	개포 재건축 이주 수요 증가	3	5[15]	5[15]	4[12]
환경	대모산, 양재천	6	8[48]	8[48]	7[42]
		총점	927	777	600

필요한 총 투자금에는 소유권이전등기에 필요한 각종 세금과 중개 수수료, 대출 이자까지 합산해야 한다. 그리고 필요한 자금을 충당하는 방법을 구체적으로 계산해봐야 한다. 대출을 이용한다면 얼마를 받을 것인지, 대출 이자는 얼마인지, 기본 원리금 외에도 매달 추가로 원금을 상환할 수 있는지, 중도상환 수수료는 얼마인지, 언제까지 대출을 상환할 수 있는지 계산해봐야 한다. 전세를 안고 투자하는 경우라면 앞으로의 전세 시세는 어떻게 될 것인지, 다음 계약 시 보증금을 올려받을 수 있는지 혹시 내줘야 하는 경우는 없는지를 조사해봐야 한다.

수서까치마을 아파트를 2015년 6월에 구입한다는 가정하에 2014년 8월에 다음과 같은 계획을 세웠다. 매수 목표가 3억 4,000만 원에, 전세를 2억 4,000만 원에 놓을 계획이었다. 취득세 등으로 400만 원,

■ 자금 계획표 예시

기간	월급 저축	대출 잔고	비고
2014년 9~12월	1,800만 원	0	퇴직금 중간정산 포함
2015년 1~6월	2,500만 원	0	누적 4,300만 원 중 계약금 3,400만 원 지급
2015년 7~8월	700만 원	0	예금 잔고 총 1,600만 원
2015년 9월 잔금	0	5,100만 원	잔금 대출 5,500만 원 실행
2015년 9~12월	0	4,050만 원	월급 1,450만 원 원리금 추가 상환
2016년 1~3월	0	2,500만 원	월급 1,550만 원 원리금 추가 상환
2016년 3월	0	0	홍은동 전세금 2,500만 원으로 대출상환

중개 수수료 100만 원으로 총 필요한 자금은 1억 500만 원이었다.

2014년 9월부터 12월까지 월급 저축과 퇴직금 중간정산을 합쳐 1,800만 원, 2015년 1월부터 6월까지 월급, 상여금, 연말정산 환급액까지 합쳐서 2,500만 원을 모을 생각이었다. 6월에 계약금 3,400만 원을 지불하고, 9월 잔금 때에는 5,500만 원을 대출 받을 예정이었다. 2015년 9월부터 2016년 3월까지 월급으로 열심히 원리금 추가 상환을 하고, 3월에 홍은동 전세금 2,500만 원을 받아서 남은 대출을 상환하는 계획이었다. 그리고 대출상환까지 지출하는 총 이자는 다음과 같을 것으로 예상했다.

■ 대출 이자 계산 예시

5,500만 원(3.5%)		월 상환 금액	대출 잔액	월 이자
2015년	9월	383만 9,583원	5,116만 417원	16만 417원
	10월	335만 782원	4,780만 9,635원	14만 9,218원
	11월	334만 9,356원	4,446만 279원	15만 644원
	12월	337만 324원	4,108만 9,955원	12만 9,676원
2016년	1월	388만 154원	3,720만 9,801원	11만 9,846원
	2월	439만 1,471원	3,281만 8,330원	10만 8,529원
	3월	690만 4,280원	2,591만 4,050원	9만 5,720원
이자 합계				91만 4,050원

투자 계획서의 마지막 네 번째 과정은 시세 예측을 해보는 것이다.

사실 그 어떤 전문가라도 미래를 예측할 수는 없다. 하지만 각종 데이터를 바탕으로 앞으로의 시세를 예측해봄으로써 투자 여부에 대한 이성적인 판단이 가능하다. 또한 투자 성과에 대한 합리적인 기대치를 조절할 수 있다.

아파트 투자에서 긍정적인 경험이 쌓였던 나는 평균 물가 상승률에 서울 아파트 평균 분양가 상승률을 더한 값을 기본으로, 막대한 유동성과 저금리로 인한 변동성 그리고 개발 호재 실현에 따른 인센티브가 알파로 더해질 것으로 기대했다.

참고로 지난 20년간 물가 상승률은 평균 2.4%였다. 그리고 서울 아파트 평균 분양가는 2013년부터 2020년까지 연평균 6% 상승했다. 2013년 9월 3.3㎡당 1,664만 5,000원이었던 서울 민간아파트 일반분양가는 2020년 6월에는 2,755만 8,300원까지 올랐다.

■ 2013년 9월~2020년 6월 서울 아파트 평균 분양가(단위: 원)

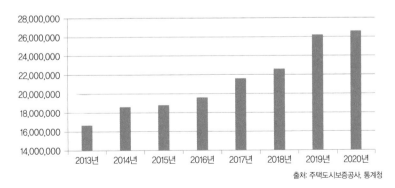

출처: 주택도시보증공사, 통계청

예를 들어, 잠실파크리오 아파트의 시세를 예측해보면 다음과 같다. 2000년부터 2015년까지의 물가 상승률은 평균 2.7%였다. 또한 2013년 9월부터 2015년 12월까지의 서울 아파트 분양가는 평균 8.8% 상승했다. 그래서 연간 기본 11.5%의 상승을 기준으로 잡았다. 그리고 이 예측 값에 주변 재건축, 삼성동 개발, 영동대로 개발, 잠실 MICE 등의 개발 프로젝트 실현으로 인한 영향이 플러스 알파로 작용할 것으로 전망했다.

■ 2015년 잠실파크리오 아파트 매수 당시 시세 예측과 KB 시세 비교

기준	예측 시세	KB 시세(상위)	차이
2015년 9월	7억 3,000만 원	7억 6,250만 원	▲3,250만 원
2016년 9월	8억 1,395만 원+α	8억 4,500만 원	▲3,105만 원
2017년 9월	9억 755만 원+α	9억 9,000만 원	▲8,245만 원
2018년 9월	10억 1,192만 원+α	13억 5,000만 원	▲3억 3,808만 원
2019년 9월	11억 2,829만 원+α	14억 5,500만 원	▲3억 2,671만 원
2020년 9월	12억 5,804만 원+α	17억 6,000만 원	▲5억 196만 원

물론 이러한 예측은 틀릴 수 있으며 전문적인 방식이라고 할 수도 없다. 부동산 시세는 이렇게 단순하게 움직이지 않기 때문이다. 하지만 팽창적으로 늘고 있는 막대한 통화량과 저금리로 인해서 실물자산에 대한 투자 수요가 지속되는 한, 물가 상승률과 분양가 상승률 수준의 투자 성과를 예측하는 것은 큰 무리는 없을 것이라고 본다.

■ 아파트 투자 계획서 샘플

매매가		실거래 매매 최고가	
전세가		실거래 전세 최고가	
연식		세대수	
주차		지분	
용적률		건폐율	
토지(㎡)		공시가격	

아파트 투자 이유 분석	가중치	개별 평가점수[총점]		
입지				
호재				
인프라				
개발				
학군				
수요				
환경				
총점				

대출 금액(이자율)	월 상환 금액	대출 잔액	월 이자
이자 힙계			

기준	예측 시세	KB 시세	차이

18

화폐 가치 하락에 베팅하다, 래미안개포루체하임

회사를 다닐 때, 개발팀에 아파트 분양권 투자만 하는 직원이 있었다. 2017년 즈음인가, 하루는 고양시 삼송 아파트 분양권을 매도했다며 점심을 사겠다고 했다.

"삼송에 분양권 있던 거, 이번에 팔았거든."

"삼송? 은평 지나서 농협대 있는 거기? 예전에 가보니까 완전 공사판이던데."

"아파트 엄청 짓고 있거든. 미분양 때 하나 잡았었는데, 이번에 피 받고 팔았어."

"거기 미분양 심했잖아. 근데 거기도 프리미엄이 붙었어? 얼마나?"

"5천."

"5,000만 원?"

"응. 거실 전망이 골프장 뷰라서 피가 좀 붙었다고 하네."

"그런데 분양권 거래 그거 좀 위험한 거 아냐? 등기가 바로 나지 않잖아."

"공급계약서도 있고, 나중에 건설사하고 조합에서 확인도 받기 때문에 괜찮아. 계약금과 프리미엄 금액만 있으면 되니까 소액 투자로 괜찮거든."

이 친구가 인천 가정지구와 영종도 분양권 투자 얘기를 할 때가 종종 있었는데, 매번 귀에 잘 안 들어왔다. 나는 실물 아파트를 보고 매수하는 투자만 했기 때문에, 서류만 보고 거래하는 것에 대한 막연한 두려움이 있었다. 사기만 당하지 않으면 망하지 않는다는 게 나의 투자 철칙이기 때문에 분양권 거래에는 아예 관심을 두지 않았다. 잘 모르는 분야는 손대지 말아야 한다는 생각이었다. 그런데 한동안 이 친구의 투자 방식을 가까이에서 지켜보니 점차 분양권 투자도 괜찮은 것 같다는 생각이 들었다.

그 무렵 강남의 주요 개발 호재는 영동대로 광역복합환승센터 개발, 삼성동 GBC(글로벌비즈니스센터) 건설, 잠실 MICE 개발, 잠실 종합운동장 개발, 수서역세권 개발이었다. 이런 대형 개발의 중심지에 위치한 3개의 지하철역이 눈에 들어왔다. 바로 삼성역, 잠실역, 수서역이었다.

이곳이 향후 강남 개발의 중심이 될 것 같았다. 지도에서 이 3개 역을 연결해보니 삼각형이 만들어졌고, 각 역에서 반경 2km를 원으로 그렸다. 2km는 차로는 5분, 걸어서는 30분 정도 떨어진 거리인데, 이 정도 거리는 동일한 생활권이라고 할 수 있기 때문이다.

'그래, 바로 이 원 안에서 투자를 하면 되겠구나!'

잠실역은 파크리오 아파트가 담당했다. 수서역 2km 반경 안에는 까치마을 아파트가 들어가 있었다. 삼성역 주변에 한 개만 더 투자해놓으면 완벽한 포트폴리오가 만들어질 것 같았다.

■ 삼성+잠실+수서 투자 삼각 지도

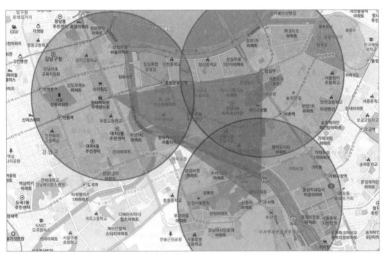

지도: 카카오맵

2017년 5월 31일 퇴근길이었다. 수서까치마을 아파트를 보러 다닐 때, 지하철 3호선 일원역 근처에 아파트를 짓고 있던 게 생각났다. 지하철에서 검색해보니 삼성물산에서 짓고 있는 래미안 아파트가 나왔다. 2018년 11월 완공 예정인 850세대 아파트였다. 대규모 신축 아파트가 들어서는 개포지구에 포함되어 있었다. 삼성역과는 영동대로를 따라서 직선으로 연결되는 곳으로, 차로 10분 거리다. 삼성역 2km 반경과 수서역 2km 반경 사이에 위치한 곳이었다.

다음 날 몇 군데 부동산에 문의해봤다. 현재 프리미엄이 1억 7,000만 원에서 2억 원까지 붙었다고 한다. 부동산 사장님들은 최근 갑자기 매수세가 붙어서 프리미엄이 계속 붙고 있다는 말도 빼놓지 않았다.

가장 먼저 실거래가 정보를 확인했다. 불과 한 달 전만 해도 1억 원 미만의 프리미엄으로 거래가 가능했다. 씁쓸한 기분이 스쳐갔다. 그럼, 그렇지. 난 항상 막차였다. 무엇이든 내가 하면 그게 막차이고 끝물이라고 생각했다. 하지만 부동산 투자는 앞을 보고 하는 것이 아닌가. 괜찮다. 미래 가치가 높으면 과거 시세는 중요하지 않다.

다시 지도를 자세히 봤다. 지하철 3호선 일원역 역세권 아파트다. 단지에 초등학교, 중학교, 고등학교가 붙어 있다. 강남에서도 훌륭한 학군으로 유명한 동네이다. 서울삼성병원 앞이라서 의료진의 수요도 있을 것이다. 실거주 수요가 높아서 매매가격이 쉽게 흔들릴 것 같지는 않아 보였다. 영동대로, GBC 등 삼성동 개발 수혜를 받을 수 있는 입지이다. 삼성동에 일자리가 많이 생기면 주변 신축 아파트로서 주목을 받을 것이다. 재건축 규제로 인해 강남 새 아파트 공급이 부족한 상황에서 이 아파트가 속해 있는 개포택지지구는 몇 년 후면 새 아파트가 대규모로 늘어서면서 커다란 변신을 할 것이었다.

■ 래미안개포루체하임 입지도

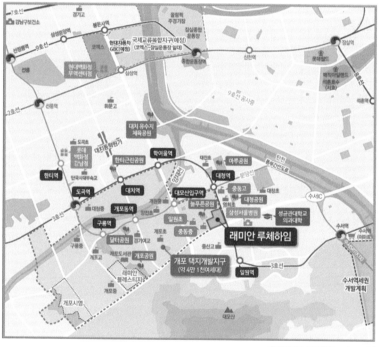

출처: 래미안 홈페이지(raemian.co.kr)

■ 개포택지지구 분양가

분양시기	아파트명	59㎡ 최고 분양가	분양가 상승
2016년 6월	래미안개포루체하임	9억 7,900만 원	기준
2017년 9월	개포래미안포레스트	11억 2,900만 원	▲ 1억 5,000만 원
2019년 5월	디에이치포레센트	13억 2,150만 원	▲ 3억 4,250만 원
2020년 1월	개포프레지던스자이	12억 4,900만 원	▲ 2억 7,000만 원
2020년 7월	디에이치퍼스티어아이파크	13억 2,500만 원	▲ 3억 4,600만 원

무엇보다도 개포택지지구 변신 초기에 공급된 새 아파트라는 점에 매력을 느꼈다. 신규 공급이 없던 지역에서는 초기에 분양한 아파트를 보유하는 것이 유리하다. 이후 분양되는 아파트의 분양가는 최초 공급된 아파트의 분양가보다 높게 책정되기 때문이다. 이 점은 개포지구에 들어서는 신축 아파트의 분양가에서도 확인된다.

2016년 6월 분양한 루체하임 $59m^2$의 분양가는 9억 7,900만 원이었지만, 2017년 9월 개포시영 아파트를 재건축한 개포래미안포레스트는 11억 2,900만 원으로 1억 5,000만 원이 상승했다. 이후 2019년 5월의 디에이치포레센트는 3억 4,250만 원이 상승한 13억 2,150만 원, 2020년 1월 개포프레지던스자이는 2억 7,000만 원 상승한 12억 4,900만 원 그리고 2020년 7월 디에이치퍼스티어아이파크는 루체하임보다 무려 3억 4,600만 원 높은 13억 2,500만 원에 분양했다.

통계를 봐도 서울 신축 아파트의 분양가는 계속해서 상승하고 있음을 알 수 있다. 공사 자재, 인건비, 물가 등이 오르기 때문에 시차를 두고 인접한 지역에서 새로 짓는 아파트의 분양가는 더 높을 수밖에 없다. 2015년 10월 584만 1,000원이었던 서울 신축 아파트의 m^2당 분양가는 2020년 6월에는 835만 1,000원으로 올랐다.

■ 2015년 10월~2020년 5월, 서울 신축 아파트 ㎡당 분양가(단위: 천 원)

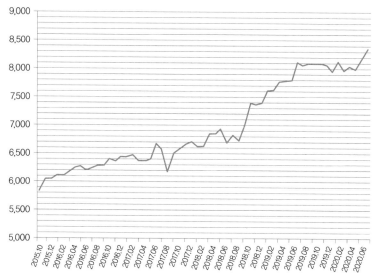

출처: 통계청, 주택도시보증공사

만약 10개의 단지가 순차적으로 분양하는데 이들 사이에 시세에 영향을 주는 요소들이 비슷하거나 동일하다고 가정하면, 결국 처음 분양한 단지의 시세 차익이 가장 클 것이다. 그런 점에 있어서 이미 마음은 루체하임 아파트를 매수하는 쪽으로 기울어지고 있었다.

다시 매수가격을 생각해봤다. 일반 분양가 9억 7,900만 원에 프리미엄을 더하면 11억 원대 중반에 26평의 강남 새 아파트를 살 수 있는 것이다. 높은 가격이다. 11억 원이라니. 7억 원짜리 잠실 아파트를 살 때 떨리던 그 손을 아직도 잊을 수가 없었다. 그런데 무려 11억 원이라니. 간이 커졌음에 틀림없다.

잠실 아파트 시세와 비교해봤다. 2017년 5월에 잠실 엘스 아파트 25평 실거래가는 10억 원에서 11억 원 사이였다.

'강남 새 아파트와 8년 차 잠실 아파트 가격 차이가 1억 원 미만이면 이게 그렇게 비싼 건 아닌데?'

매수 금액 이하로 떨어지지는 않을 것이라는 확신이 들었다. 직감적으로 이 아파트를 잡아야 한다고 생각했다.

강남
래미안
새 아파트

예전에 TV에서 봤던 래미안 CF가 생각났다. 강남 래미안 새 아파트라니. 성공한 것 같았다. 갑자기 가슴이 콩닥콩닥 뛰었다. 재빠르게 아내에게 전화를 했다.

"강남 새 아파트 하나 살까? 삼성병원 바로 앞에 래미안 새 아파트
가 있거든."

"돈이 없는데?"

"KB 시세 70%까지는 대출이 나오니깐 파크리오 담보로 추가 대출
이 더 나올 거야."

"난 괜찮으니깐 알아서 해."

이어서 올 초에 잠실로 이사올 때 상담했던 대출 담당자에게 전화
를 했다.

"팀장님, 저 추가 대출 좀 받아야겠습니다."

"어떤 물건인데요?"

"강남 일원동 아파트 분양권을 매수하려고 하는데요. 저희 집 담보
로 2억 8,000만 원 추가로 나오죠?"

"요즘 파크리오 시세가 올라서 그 정도는 나올 거 같은데요. 조회해
보고 바로 전화 드릴게요."

이제 자금도 준비되었다. 마음을 가라앉히고 어떤 리스크가 있을지
마지막으로 생각해봤다.

대출 2억 8,000만 원에 대한 한 달 이자는 70만 원, 1년 이자는 840만 원이다. 이제는 원리금으로 한 달에 300만 원은 내야 할 것이다. 한 명 월급은 고스란히 은행으로 들어가는 것이다. 하지만 세상에서 제일 싼 건 은행 대출 이자다. 분명히 더 큰 수익을 가져다줄 것이고, 지금껏 그래왔다. 생활비를 줄이는 것에는 워낙 자신이 있었기 때문에 그렇게 염려되지는 않았다.

가장 큰 리스크는 입주 시점 때의 전세 시세가 될 것 같았다. 임차인의 전세 보증금으로 중도금과 잔금을 모두 처리할 계획이었기 때문에 전세 시세가 중요했다. 인근 대치동 신축 아파트인 래미안대치팰리스와 SK뷰 아파트의 전세가를 검색해봤다. 이 아파트 전세 시세의 90%만 되도 중도금과 잔금을 처리하기에 크게 부족하지는 않을 것 같았다. 만약 전세가가 높지 않으면 루체하임을 담보로 추가 대출을 받아야 할지도 모른다. 전세를 더 낮은 시세로 내놔야 하는 경우를 대비해 준비가 필요했다.

'부동산이 아니다. 인플레이션과 화폐가치 하락에 투자하는 것이다.'

됐다. 마음을 정했다. 이제 전화 한 통이면 계약이 이루어진다. 가장 설레는 순간이다.

"사장님, 매도인 계좌번호 주세요. 가계약금 보낼게요."

대략적인 계약 내용과 함께 공급계약서, 매도인 신분증 사진, 매도인 통장 사본을 문자로 받았다. 하지만 부동산에서 보낸 문자만 보고 돈을 보낼 내가 아니다. 건설사와 재건축 조합사무실에 전화를 걸어 해당 동·호수의 물건이 매도인 소유가 맞는지 직접 확인했다. 그러고 나서 매도인 통장으로 가계약금 1,000만 원을 송금했다. 매도인 사정으로 계약서 작성은 오후 11시에 하기로 했다.

회사 탕비실에서 에스프레소 한 잔을 마신 후, 개발팀에 있는 삼송 친구를 불렀다.

"나도 방금 분양권 계약했어. 이따가 계약서 쓰러 가."
"어디?"
"강남! 이거 너도 사라."
"강남? 어딘데? 얼만데?"
"잠실 아파트보다 1억 원밖에 안 비싸. 지하철 역세권에 학군이 좋은 동네야."
"중도금 대출은 나오고?"
"일반 분양자가 이미 받아놓은 중도금 대출은 승계 가능하고, 잔금 때 전세 구해서 보증금으로 갚으면 될 거 같아."

그리고 2시간 후, 이 친구도 같은 아파트 분양권 계약을 체결했다.

2017년 6월 1일 밤 11시에 매도인이 나타났다. 막 퇴근을 하고 온 듯한 차림으로 도도하게 부동산 사무실로 들어왔다. 미혼이라고 소개한 그녀는 나보다 한 살 연상이었다. 혹시나 해서 넣어본 청약인데 추첨으로 당첨됐다는 것이다. 말 그대로 뽑기에 당첨된 것이다. 아, 부럽다. 혹시 500만 원이라도 깎을 수 있을까 하는 희망을 품고 나는 굽실굽실 엎드려 있었다.

"사모님, 축하드려요."
"사모님은 참 좋으시겠어요."
"사모님 같은 미인이 이렇게 당첨도 되고 얼마나 좋으세요?"

실패! 안 먹힌다. 눈치 없는 부동산 사장님은 옆에서 매도인을 거들고 있다.

"아이고, 그렇게 더 깎아달라고 하시면 안 돼요. 그랬으면 여기 사모님은 오늘 계약하러 나오지도 않았어요."

분양권 양도세는 50%이다. 내가 건네는 프리미엄 1억 8,000만 원에서 9,000만 원은 세금으로 내고, 그녀는 나머지 9,000만 원을 갖게 된다. 청약 한 방으로 한순간에 9,000만 원을 번 것이다. 반면에 나는 지난 7년간 강북과 수도권 아파트 투자를 통해 번 수익을 고스란히 바치고 있었다.

그런데 이상했다. 눈앞에서 현금이 직접 오가는 것이 아니라 계좌 이체를 통한 거래이기 때문에 프리미엄 지불에 대한 감각이 무디게 느껴졌다. 마치 당근마켓 직거래 같고, 11번가에서 인터넷 쇼핑하는 느낌이었다. 한 달 이자 70만 원만 더 내면 10억, 20억 원의 꿈과 희망을 살 수 있기 때문에 즐거웠다. 새벽 1시가 다 되어서 부동산을 나왔다. 1박 2일에 걸친 이번 계약은 과연 어떤 결과를 가져올지 벌써부터 가슴이 두근거렸다.

분양권 거래는 단순해서 한 달 안에 잔금까지 모두 완료했다. 중도금 대출 승계를 위해 지정 은행인 하나은행으로 갔다. 한 시간 넘게 서류에 서명하고 도장을 찍었다. 손가락 여기저기에 다홍색의 인주가 묻었다. 뒤에 대기 중인 사람들 중에서 부동산 봉투를 들고 있는 사람들도 앞으로 한 시간은 도장만 찍어야 할 것이다.

옆 창구에서도 같은 아파트 분양권 거래를 처리하는 것 같았다. 숫자와 금액 소리가 귀에 훅 들어왔다. 나보다 1,000만 원이나 싸게 산 것 같다. 이런. 자세히 들어보니 같은 동인데 아래층이다. 그래, 고층이 원래 더 비싼 법이지. 의자에서 일어나면서 슬쩍 보니 계약한 달이 5월이었다. 다행이다. 5월이면 더 쌌을 텐데 나랑 1,000만 원 차이면 내가 잘 산 거다. 그럼, 내가 잘 산 거야.

이제 중도금 대출까지 합치면 총 대출이 11억 원이 넘었다. 이상하다. 부동산 투자를 하면 할수록 대출은 점점 늘어났다. 홍제동 아파트를 살 때 대출 1억 원으로 시작했는데, 10년이 지난 지금 대출은 11억원이 넘었다. 누군가 부채도 자산이라고 했다. 아무리 그래도 11억 원부채는 좀 부담스러웠다. 내가 망하면 하나은행, SC은행, 삼성물산도 같이 망할지도 모른다는 알 수 없는 책임감까지 들었다.

은행을 나와서 테헤란로에 있는 삼성물산 사무실로 갔다. 아파트공급계약서 원본 뒷면의 명의변경 내역에 인적 사항을 미리 적어두었다. 여기에 삼성물산 직인을 받았다. 한 번 찍었는데 깨끗하게 안 나와서 그 옆에 다시 찍었다. 이제 래미안에서도 우리가 집주인인 걸 알게된 것이다. 우리가 바로 집주인이라고!

마지막으로 재건축 조합 사무실에 가서 명의변경 신고를 마쳤다. 역시 공급계약서 뒷면에 재건축 조합 도장도 받았다. 공급계약서 사본을은행에 다시 제출하는 것으로 모든 과정이 끝났다.

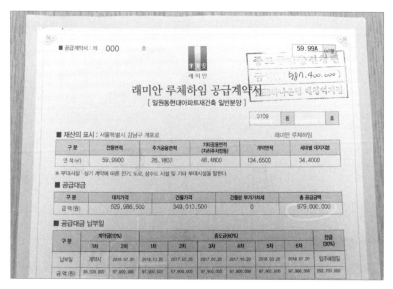

이제는 아파트 완공만 기다리면 된다. 거의 매주 공사 현장에 가서 사진을 찍었다. 공사 현장을 가리는 펜스 사진만 찍어도 좋았다. 비가 오면 콘크리트에 물이 들어갈까 걱정이었고, 눈이 오면 새시도 없는 내부가 얼지는 않을까 염려되었다. 현장 출입구에서 레미콘 출입을 안내하는 분께 109동 공사 잘 부탁드린다고 하니 이상하게 쳐다보았다. 누구냐고 묻기에 큰 소리로 집주인이라고 했다. 그랬더니 더 이상하게 쳐다보면서 사진 찍으면 안 된다고 했다. 그래도 내 아파트를 만들어주는 분들이니 감사했다.

2018년 11월부터 아파트 입주가 시작되었다. 송파구 헬리오시티 아파트와 개포주공 2단지를 재건축한 래미안블레스티지 입주와 겹쳤다. 말로만 듣던 입주장의 공포가 시작되었다.

처음에는 호기롭게 전세 10억 원을 불렀다. 일원동, 개포동 일대 50곳이 넘는 부동산에 물건을 내놨다. 연락이 오지 않았다. 지정된 입주일 안에 잔금을 치르지 못하면 연체 이자를 물어야 했다. 게다가 중도금 대출 만기도 다가왔다. 이미 입주가 시작된 후 연락해온 부동산에서는 8억 원을 제시했다.

"에이, 사장님. 왜 그러세요. 8억 원이 뭡니까, 8억 원이."
"헬리오시티 20평대는 지금 6억 원대 물건도 나와요."
"거기는 여기랑 생활권도 다르고 수요도 다르지 않습니까?"
"입주장이 원래 좀 힘들어. 물량이 많아서 초반에는 다들 고생하더라고."
"제가 잔금으로 딱 8억 원이 필요한데, 취득세랑 중도금 이자도 있으니 그럼 8억 5,000만 원만 받아주세요."
"전달은 할게요. 근데 경험상 여기서 더 떨어질 수도 있어."
"그럼 제가 그냥 들어가 살면 되죠, 뭐."

들어가 살 수는 없었다. 그냥 자존심이었다. 처음 10억 원에 내놨는데, 8억 원이라니. 어림도 없었다. 기다리면 된다. 조금만 기다리면 좋은 세입자가 나타날 거다. 입주일 마감까지는 아직 두 달 이상 남았다.

시간이 조금 흐르자 송파구 대규모 아파트 입주 물건은 이제 5억 원대까지 나왔다. 부동산 사장님들은 계속 겁을 줬다. 전세가가 더 떨어질 것 같았다. 임차인이 조금이라도 계약 의사를 보이면 무조건 잡아야 하는 상황이 되었다.

결국 6억 원을 제시하는 부동산 전화에 그러자고 했다. 망했다. 2억 원이 부족했다. 어쩔 수 없이 루체하임을 담보로 대출을 받았다. 보증금으로 중도금 대출 5억 원을 갚았다. 남은 대출은 이제 총 7억 원이다. 다행히도 거치기간이 적용되어 이자만 내면 되었다. 5년 고정금리 3.01%. 이자는 한 달에 50만 원이다. 이제 원리금으로 매달 총 350만 원을 내야 한다. 입주 초반에 8억 원에 그냥 계약할걸. 다음 전세 계약까지 내야 하는 2년 치 이자 1,200만 원이 아까웠지만 어쩔 수 없었다.

2019년 5월에 소유권이전등기가 마무리되었고, 조기 은퇴와 우리의 노후를 책임질 든든한 등기권리증이 도착했다.

19
대출상환은
똑똑한 방법이 아니다

매 순간의 결정이 하나하나 모여 인생 전체가 된다고 했다. 아무런 예고도 없이 또 다시 결정의 순간이 나에게 찾아왔다.

2017년 1월에 잠실로 이사 올 때 잔금이 부족해서 대출을 받았다. 대출 잔액은 2억 6,000만 원, 금리는 2.95% 고정이었다. 매달 상환하는 원리금을 높여 대출을 일찍 갚을 생각으로 만기를 30년이 아닌 15년으로 했다. 이후 다섯 달 동안 원리금을 상환했기 때문에 2억 6,000만 원에서 몇백만 원은 빠졌을 것인데, 계산해보니 큰 차이는 없었다.

2017년 6월, 루체하임 아파트 분양권을 매수하기 위해서는 당장 2억 8,000만 원이 필요했다. LTV(Loan To Value ratio, 주택을 담보로 돈을 빌릴 때 인정되는 자산가치의 비율) 70%가 적용되고 있었기 때문에 파크리오를 담보로 추가 대출은 가능했다. 그럼 총 대출은 5억 3,000만 원이 넘게 된다. 하루 4만 5,000원, 한 달이면 130만 원, 1년 이자만 1,600만 원을 내야 한다.

대출을 한 번 더 받아서 강남 세 번째 아파트에 추가 투자를 할 것인지, 아니면 현재에 만족하며 안전하게 기존 대출을 갚아나갈 것인지 결정해야 하는 순간이었다.

먼저 재정 상황을 검토했다. 맞벌이 우리 부부 월급은 세금을 제하고 약 600만 원이었다. 추가 대출을 진행한다면 총 대출 원리금은 매달 300만 원이 될 것이었다. 그래도 원리금을 내고도 300만 원의 여유가 있었다. 생활비로 150만 원만 쓰면 매달 150만 원 정도의 원금까지 추가로 상환이 가능할 것 같았다. 10년간 쌓아온 절약 습관 때문에 아끼는 건 자신 있었다. 사실 대출 때문에 특별히 더 아끼기보다는 그동안의 생활 습관만 유지하면 될 뿐이었다.

적은 월급이지만 모든 지출이 충분히 예상되는 범위 안에 있었기 때문에 300만 원의 원리금 상환은 문제없어 보였다. 예기치 못한 일이 발생할 것에 대비해서 마이너스 통장은 언제나 열려 있었기 때문에 든든했다.

맞벌이 총수입		600만 원	2017년 기준, 세후
대출 원리금		300만 원	대출원금 5억 3,000만 원(2.95%+3.3%)
생활비	식비+외식	50만 원	식비 주당 10만 원, 외식 한 달 10만 원
	회사 점심비용	40만 원	주 2회 도시락으로 대체, 커피는 맥심
	교통비	12만 원	지하철 출퇴근
	통신비용	3만 원	회사에서 통신비 지원, 언제 끊길지 모름
	아파트 관리비	15만 원	기본 관리비, 전기, 가스 포함
	보험	15만 원	실비보험 등
	차량 기름값	5만 원	디젤, 5만 원으로 한 달 1,000km 가능
	기타 예비비	10만 원	생필품, 미용실, 세차, 하이패스 충전 등
	총계	150만 원	월 180만 원까지는 허용
원리금 추가 상환		150만 원	연간 1,500만~1,800만 원 상환 가능

이제 수익성을 검토해야 했다. 이번 추가 대출로 인한 이자만 연간 약 1,000만 원이다. 재산세, 종합부동산세 등을 감안하면 연간 최소 3,000만 원 이상으로 시세가 상승해야 한다.

시세 상승에 대한 확신은 있었다. 앞으로 몇 년만 지나면 개포지구 전체에 대규모 신축 아파트들이 들어서게 되기 때문이다. 2만 세대가 넘는 신축 아파트가 순차적으로 완공되면 꾸준한 시세 상승을 기대할 수 있다.

■ 개포지구 아파트 공급 현황

단지명	세대수	추진단계 (2020년 10월 기준)	비고
개포래미안포레스트	2,296	준공	2020년 9월 완공 예정
디에이치퍼스티어아이파크	6,072	착공	2023년 10월 완공 예정
래미안블레스티지	1,957	준공	
디에이치아너힐즈	1,320	준공	
개포프레지던스자이	3,375	착공	2023년 2월 완공 예정
개포주공5단지	1,336	추진위원회	
개포주공6단지	2,994	추진위원회	
개포주공7단지			
개포우성9차	232	리모델링 착공	2021년 11월 완공 예정
디에이치자이개포	1,996	착공	2021년 7월 완공 예정
래미안개포루체하임	850	준공	
디에이치포레센트	184	착공	2021년 2월 완공 예정
일원개포한신	184	조합설립인가	

출처: 강남구청

　　주변에 새 아파트가 계속 공급되는 것은 시세에 유리하게 작용한
다. 반포가 그랬다. 반포 지역의 경우 2009년 9호선 지하철 개통과 함
께 새 아파트가 지속적으로 공급되면서 서로의 시세를 이끌고 당기는
효과가 발생했다. 2009년 3월 반포자이 아파트를 시작으로 평균 11개
월마다 1,156세대의 새 아파트가 공급되었다. 새 아파트가 들어서면 그
곳의 시세만 강세를 보이는 것이 아니라 주변의 입지 좋은 10년 내외의

■ 반포 지역 아파트 공급 현황

아파트명	준공	세대수	준공 시점 시세	2020년 11월 시세
반포자이	2009년 3월	3,410	11억 5,000만 원	28억 1,667만 원
래미안퍼스티지	2009년 7월	2,444	12억 4,000만 원	30억 5,000만 원
반포리체	2011년 7월	1,119	12억 5,000만 원	26억 원
반포힐스테이트	2012년 4월	397	13억 원	26억 원
래미안신반포팰리스	2016년 6월	843	14억 2,500만 원	25억 500만 원
아크로리버파크	2016년 8월	1,612	18억 7,500만 원	34억 원
아크로리버뷰신반포	2018년 6월	595	25억 2,500만 원	28억 7,500만 원
신반포자이	2018년 7월	607	24억 원	27억 2,500만 원
반포래미안아이파크	2018년 8월	829	21억 5,000만 원	26억 원
반포써밋	2018년 9월	764	20억 2,500만 원	24억 7,500만 원
래미안신반포리오센트	2019년 6월	475	(전용 84㎡ 기준, 시세: KB 일반평균가)	
반포센트럴자이	2020년 4월	781		

아파트 시세까지 함께 상승하는 것을 확인할 수 있었다.

개포지구가 완성되는 시점에는 영동대로 지하공간 복합개발은 상당 부분 진행됐을 것이다. 삼성동 GBC 건물도 완공을 앞두고 있을 것이다. 그리고 한창 진행 중인 수서역세권 개발도 차질 없이 멋진 모습으로 바뀌어 있을 것이다. 지금보다 떨어질 이유는 없어 보였다.

■ 반포 지역 아파트 공급 시기

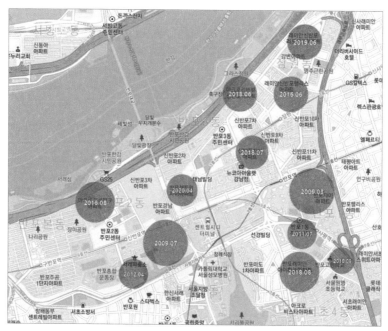

지도: 카카오맵

사상 초저금리와 시중에 풀린 막대한 유동성까지 더해지면 수년 내에 평당 1억 원도 불가능한 예측은 아니라고 생각했다. 유동성 자금은 2020년 5월에 무려 3,054조 원을 기록했다.

결국 재정 상황과 수익성을 검토했을 때 기존 대출 2억 6,000만 원을 상환하는 것보다는 추가 대출 2억 8,000만 원을 실행하는 것이 낫다는 판단을 했다.

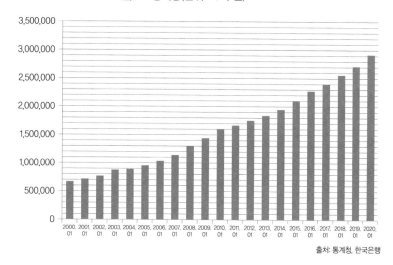

■ 2000년 1월~2020년 1월, M2 통화량(단위: 10억 원)

출처: 통계청, 한국은행

만약 루체하임에 추가 투자를 하지 않았다면 수년간 기존 대출 2억 6,000만 원을 상환하는 데에만 집중했을 것이다. 생활비로 지출하는 최소한의 금액을 제외하고 나머지를 모두 대출 원금을 상환하는 데 사용한다면, 2023년이 되어서야 2억 6,000만 원의 대출을 모두 상환할 것으로 예상되었다. 원금을 중도상환하면 매월 원리금 총 액수가 줄어들지만, 편의를 위해 단순하게 계산해서 '대출상환 시나리오'를 작성해보았다.

모든 대출을 상환한 후 1년 정도 현금을 더 모아서 은퇴 자금으로 준비해두고 2024년경에 조기 은퇴를 실행했을 것으로 짐작된다. 하지만 자산이 많지 않아서 과연 용감하게 회사를 나올 수 있었을지는 알 수 없다. 게다가 파크리오 아파트와 까치마을 아파트만으로는 현금흐름

■ 대출상환 시나리오(단위: 만 원)

연도	연초 대출잔고	기본 원금상환	추가 원금상환	기타 상환 (행신동 매도)	연말 대출잔고	저축잔고
2017년	26,000	1,200	1,800	0	23,000	0
2018년	23,000	1,300	2,200	3,500	16,000	0
2019년	16,000	1,300	2,200	0	12,500	0
2020년	12,500	1,300	2,400	0	8,800	0
2021년	8,800	1,300	2,400	0	5,100	0
2022년	5,100	1,300	2,600	0	1,200	0
2023년	1,200	600	600	0	0	4,000
2024년	0	0	0	0	0	10,000

에 대한 구체적인 계획을 세울 수 없었기 때문에 은퇴 시점은 더 늦어
졌을 것이다.

이런 초기 계획의 가장 큰 리스크는 과연 회사를 8년 더 다닐 수
있을까 하는 부분이었다. 40대 중반의 나이에 중소기업에서 자리를 지
키기는 쉽지 않다. 그리고 20억 원대 중반의 순자산으로는 100세까지
생활하기에 부족할 수 있다. 때문에 은퇴 계획의 전면적인 수정이 필요
했을지도 모른다. 2017년 루체하임 아파트를 매수하기 전까지만 해도
조기 은퇴를 위한 실현 가능한 계획을 세우지 못한 상태였다.

하지만 아내와 나는 2019년 7월 조기 은퇴를 실행했다. 만 38세였

다. 루체하임 아파트의 추가 투자를 통해서 조기 은퇴 계획이 완전히 새롭게 바뀌었기 때문이다. 조기 은퇴를 5년 더 앞당길 수 있었던 방법은 추가로 투자한 아파트를 통해 충분한 현금흐름 시스템을 확보했기 때문이다.

일반적으로 수익형 부동산 투자라고 하면 월세를 떠올리기 마련이다. 임대차 계약이 만료되면 다시 돌려줘야 하는 보증금과는 다르게 매달 받은 월세는 집주인이 전부 써버려도 되고, 다시 돌려줄 필요가 없기 때문이다. 하지만 나는 조금 다르게 접근했다.

'전세 보증금도 월세와 같이 생활비 등으로 쓰면 안 될까?'

이 방법이 성공하려면 다음과 같은 조건을 만족해야 한다.

첫째, 전세금이 매년 상승해야 한다.
둘째, 전세금 상승분은 같은 기간 지출하게 될 생활비보다 많아야 한다.
셋째, 전세금이 오르지 않거나 내릴 때에 대한 대비가 되어 있어야 한다.

내가 투자한 모든 아파트의 전세금은 매년 상승했다. 루체하임 아파트의 전세 시세는 입주 기간이 지나자 곧바로 회복되었고, 2020년 1월에는 9억 8,000만 원에 전세 거래가 이루어졌다. 2020년 12월 전세 시세는 13억 원이다. 입주 초기 전세금과 비교했을 때 무려 7억 원이 상승한 것이다. 이후 5%만 오른다고 해도 13억 원을 기준으로 2년마다 6,500만 원씩 수익이 발생된다. 이와 같은 루체하임 아파트의 전세 시세 변화는 조기 은퇴 계획을 현실화하는 데 결정적인 아이디어를 주었다.

여기에 만약 잠실파크리오 아파트도 전세를 준다면, 전세 10억 원 기준으로 2년마다 5%인 5,000만 원의 수익이 발생된다. 그리고 수서까치마을 아파트에서는 1,500만 원이 발생된다. 3개의 아파트에서 무려 1억 원 이상의 목돈이 2년마다 준비되는 것이다.

이런 계획은 한 가지 더욱 중요한 결과를 만들어냈다.

바로 루체하임 아파트의 보증금 차액과 잠실파크리오 아파트의 전세 보증금은 모든 대출을 상환하기에 충분한 금액이라는 사실이다. 대출 원리금 부담이 매월 350만 원에서 한순간에 0원으로 줄어드는 것이다. 게다가 대출을 상환하고도 무려 10억 원이 남는다. 10억 원이면 연간 5,000만 원씩 약 20년을 쓸 수 있는 금액이다. 이 자금에서는 추가로 연간 1,000만 원의 이자 수익까지 발생된다.

2년마다 1억 원의 목돈이 생긴다는 것은, 한 달에 416만 원을 쓸 수 있다는 것을 의미했다. 하지만 아내와 나는 지난 10년간의 실전 훈련을 통해 월 200만 원으로도 만족할 줄 아는 방법을 배웠다. 이것은 2년 후 전세금이 오르지 않거나 내릴 경우를 대비해서 전세금의 절반은 안전하게 보관해둘 수 있다는 것을 의미하며, 여기에서는 또 한 번 이자 수익이 발생한다는 뜻이다.

아내와 내가 조기 은퇴 계획을 확정하고 실행한 시점은 바로 여기까지의 계산이 끝났을 때였다. 사라진 은행 원리금과 2년마다 목돈이 발생되는 시스템은 자연스럽게 조기 은퇴와 세계여행으로 이어지게 만들었다.

2017년 6월, 연간 1,600만 원의 이자가 부담되어서 추가 투자를 하지 않았다면 아직도 여전히 숨 막히는 사무실에서 소중한 시간을 허비하며 월급쟁이로 남아 있었을 것이다. 앞이 보이지 않았던 은퇴 계획은 자칫 엑셀 파일 안에서 꿈이라는 제목으로 갇혀 있을 뻔했다. 하지만 철저한 자금 계획을 바탕으로 감당 가능한 한도 내에서 공격적인 추가 투자를 함으로써 조기 은퇴를 5년 앞당길 수 있었다.

20

신축&구축,
리스크를 줄이는 포트폴리오

'강남 4구 재건축 초과이익 부담금 최고 8억 4,000만 원'

'1대1 재건축도 임대아파트 현실화'

'분양가상한제 1년, 희망고문 된 내 집 마련'

'2년 살아야 새 아파트 분양권 받아'

재건축 관련 뉴스가 헤드라인을 장식할 정도로 지금은 재건축에 대한 여러 규제가 동시에 작동하고 있는 시기이다. 만약 이러한 상황에서 재건축 아파트에만 투자했다면 기대만큼 수익이 나지 않았을 것이다.

재건축 아파트를 대표하는 대치동 은마 아파트의 시세 변화가 그 점을 잘 보여준다.

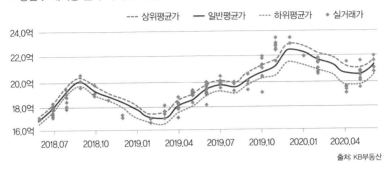

출처: KB부동산

　　종합부동산세 추가 과세, 대출 규제가 핵심인 2018년 9·13 대책이 발표되면서 시세는 급격하게 하락했다. 이후 서서히 시세가 회복되다가 2019년 12·16 대책에서 시가 15억 원 초과 시 주택담보대출이 금지되면서 다시 하락하기 시작했다. 이처럼 재건축 아파트는 시세의 등락이 심하다. 또한 재건축 진행 속도도 예상보다 더디게 흘러갈 수 있기 때문에 투자시기에 따라서 투자 성과는 큰 차이가 난다.

　　이렇게 강남 아파트 가격 상승의 원인으로 지목받는 재건축 아파트에 대한 규제가 심해지면 신축 아파트에 대한 관심이 크게 높아진다. 하지만 서울 인기 입지의 신축 아파트 공급량이 수요를 따라가지 못하면, 입지 좋은 곳에 위치하고 지하주차장 시설이나 단지 내 커뮤니티 시설을 잘 갖춘 10년 차 전후의 아파트에 대한 인기가 높아진다. 새 아파트에 대한 높은 수요가 비슷한 환경의 아파트로 이동하기 때문이다.

신축 아파트를 대표하는 래미안대치팰리스 아파트의 시세는 이러한 점을 잘 보여준다.

■ 강남구 대치동 래미안대치팰리스 시세 변화

출처: KB부동산

규제가 발표된 이후 잠시 보합을 유지할 뿐 재건축 아파트처럼 큰 폭의 하락은 발생하지 않았다. 오히려 꾸준한 상승을 이어 나갔다. 입주한 지 10년이 넘은 역삼동의 한 아파트 시세 역시 신축 아파트와 비슷한 모습을 보여줬다.

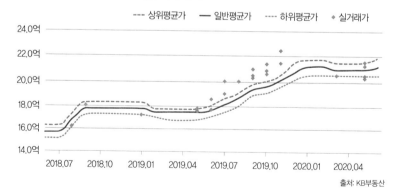

■ 강남구 역삼동 역삼이편한세상 시세 변화

출처: KB부동산

한편 입지는 좋지만 25년 이상 된 구축 아파트는 실거주용으로만 고려될 뿐 그렇게 인기가 좋지 않다. 구체적인 개발에 대한 그림이 그려지지 않아서 투자 가치에 대한 의문이 들기 때문이다.

재건축 규제로 인해서 새 아파트와 기축 아파트에 대한 인기가 지속되는 동안, 이런 구축 아파트는 서서히 리모델링 혹은 재건축을 준비하면서 때를 기다린다. 시간이 흘러 노후한 아파트의 주거 환경 개선과 아파트 공급량 증가를 위해 재건축 관련 규제는 점차 완화될 가능성이 커지기 때문이다. 그럼 이런 구축 아파트가 개발 대상 아파트로 변신하면서 가치를 인정받게 된다.

27년 된 수서까치마을 아파트의 시세 변화는 다음과 같다. 부동산 규제에도 크게 흔들리지 않고 시세는 꾸준하게 상승하며 아파트 가치를 높이고 있다.

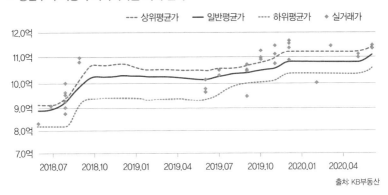

■ 강남구 수서동 수서까치마을 시세 변화

출처: KB부동산

이렇게 부동산 규제와 공급량에 따라서 재건축-신축-구축 아파트에 대한 인기는 지속적으로 순환된다. 반복적으로 순환되는 이 흐름 속에서 최대의 이익을 얻으려면 각 단계의 아파트에 골고루 투자하는 것이다. 아파트 연식에 따른 분산투자를 하는 것이다.

■ 재건축-신축-구축 아파트 순환 모습

재건축 아파트는 전세가가 낮기 때문에 투자금도 많이 든다. 또한 시간이 오래 걸리는 리스크가 존재하지만, 일단 완공되면 큰 수익을 기대할 수 있다. 훌륭한 인프라를 갖춘 10년 전후 아파트는 실거주하기에도 좋고, 전세가도 비교적 높기 때문에 투자금도 적게 들어간다. 개발 가능성에 대한 상상력이 필요한 25년 내외의 구축 아파트는 매매가가 저렴하다는 장점이 있다. 이와 같은 연식에 따른 분산투자의 최우선 조건은 반드시 입지가 좋아야 한다는 것임을 잊지 말아야 한다.

아파트 연식에 따른 분산투자 외에도, 리스크를 최소화하기 위해서는 대규모 개발 계획에 따른 분산투자도 고려해야 한다.

나는 어떠한 요소에도 흔들리지 않고 차질 없이 진행될 대형 개발 계획을 찾고 있었다. 48층 3개 동이 들어설 예정이었던 홍제동 유진상가 개발이 무산되고, 상암동 서울라이트 랜드마크 개발도 표류하고, 용산국제업무지구 개발도 엎어지는 것을 지켜봤기 때문이다.

그런데 놀랍게도 초고층 랜드마크 프로젝트 중에서는 유일하게 잠실 롯데월드타워만 진행되었다. 그리고 그 주변에서는 잠실 MICE 개발, 잠실 종합운동장 개발, 왼쪽에서는 영동대로 광역복합환승센터 개발, 삼성동 GBC 건설, 남쪽으로는 수서역세권 개발, 오른쪽으로는 서울-세종 고속도로 개발 등이 진행되었다. 앞으로의 50년을 바꿀 초대형 개발 사업들이 삼성역, 잠실역, 수서역 주변에서 모두 진행되었다. 이곳 주변에 투자하는 것이야말로 리스크를 최소화할 수 있는 방법이다.

내가 투자한 아파트도 연식과 개발 호재에 따른 분산투자 원칙을 따르고 있다.

래미안개포루체하임 아파트는 입주한 지 2년 된 신축 아파트다. GTX A노선, C노선 등이 함께 들어서는 영동대로 지하공간 복합개발과 삼성동 GBC 개발이 완료되는 시점에 개포지구는 대규모 신축 아파트 단지로 변하게 된다.

■ 현대자동차 부지 GBC(글로벌비즈니스센터) 조감도

출처: 서울시

■ 영동대로 지하공간 복합개발 조감도

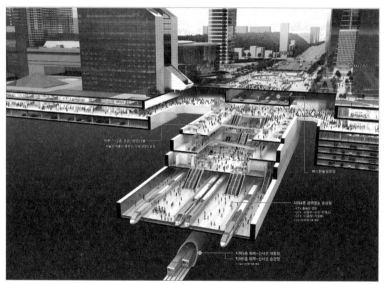

출처: 서울시

■ 종합운동장 주경기장 리모델링 조감도

출처: 서울시

■ 수서역세권 개발 조감도

출처: 강남구청(www.gangnam.go.kr)

잠실파크리오 아파트는 입주한 지 11년이 지난 비교적 새 아파트다. 실거주하기에 최적의 조건을 갖춘 아파트여서 매수뿐만 아니라 임대 수요도 언제나 풍부하다. 제2코엑스와 호텔 등이 계획된 잠실 MICE 사업뿐만 아니라 서울-세종 고속도로 개통의 수혜지다. 파크리오 바로 앞 아파트들은 현재 철거되었고, 재건축 공사가 진행 중이다. 새 아파트가 들어서면 주변 아파트 시세도 함께 상승할 것으로 기대된다.

수서까치마을은 27년 된 구축 아파트다. 수서역세권 개발의 영향권 안에 위치해 있을 뿐만 아니라, 훌륭한 입지로 때가 되면 재건축과 리모델링을 모두 고려하여 최선의 선택을 하게 될 시기가 올 것이다. 새 아파트로의 변신이 얼마 남지 않았다.

규제와 정책의 방향에 순응하는 가운데 합리적인 상상력을 통한 한 발짝 앞선 투자, 실현 가능성이 높은 대형 개발의 수혜지를 미리 선점하는 투자는 리스크를 줄여줄 것이다. 최고의 투자는 예기치 못한 다양한 위험 요소들을 얼마나 제거하느냐에 달려 있기 때문이다.

21

다주택자,
스스로 세금 전문가가 되어라

"까치마을은 내 이름으로 했으니, 여기 파크리오는 자기 단독 명의
로 하자."

"그래도 세금 때문에 공동명의가 좋다고 하던데."

"공동명의? 좀 그렇잖아? 세금이야 뭐 얼마나 차이가 나겠어?"

"공동명의로 하면 나중에 팔 때 양도세를 조금이라도 줄일 수 있대."

"같이 벌어서 여기까지 왔으니 자기도 하나 해. 나는 까치마을 하나
있으니까. 통계상으로도 여자가 더 오래 산다고 하니 혹시 모르잖아."

지난 네 번의 아파트에 투자하는 동안 공동명의로 등기를 해본 적이
없었다. 공동명의를 한다는 것은 서로에 대한 신뢰와 믿음에 문제가 있
는 것이라고 생각했기 때문이다. 주변에서는 절세를 위해서 공동명의를
한다고 하는데, 그때까지만 해도 구체적인 혜택에 대해 모르고 있었다.

그렇게 파크리오 아파트는 아내 단독 명의가 되었다.

이후 종합부동산세 고지서가 날아왔을 때 공동명의의 중요성을 알게 되었다. 계약하기 전부터 미리 준비했어야 했다. 되돌리기에는 이미 늦었다. 이제 와서 아내의 파크리오 아파트 지분 절반을 내게 증여하기에는 취득세로만 수천만 원을 내야 했다.

절세를 위해 부부가 공동명의로 아파트를 소유하는 것을 이제는 흔하게 볼 수 있다. 우선 공동명의를 한다고 해서 취득세를 절감할 수는 없다. 취득세율은 비례세율이기 때문에 지분만큼 나눠서 취득세를 납부해야 한다. 매년 7월과 9월에 부과되는 재산세 역시 동일하다. 총 재산세 중에서 지분에 해당하는 만큼 나눠서 납부해야 한다.

하지만 종합부동산세와 양도소득세의 경우 공동명의가 유리하다. 종합부동산세는 매년 6월 1일을 기준으로 국내에 있는 재산세 과세대상인 주택의 공시가격을 합산한 금액이 6억 원을 초과하는 경우 납부하게 된다. 주택에 대한 종합부동산세의 과세표준은 개인별로 주택의 공시가격을 합산한 금액에서 6억 원을 공제한 금액에 공정시장가액비율을 곱한 금액이다. 이때 1세대 1주택자의 경우 6억 원이 아니라 9억 원을 공제하게 된다. 이 과세표준에 누진세율을 적용하고, 재산세액을 공제한 후 세부담상한초과세액까지 고려해서 최종 종합부동산세가 결정된다. 여기서는 계산상 편의를 위해 과세표준에 적용세율만 곱한 금액을 비교해보자.

■ 2021년 종합부동산세 세율(안)

과표	2주택 이하 (조정대상지역 2주택 제외, %)	3주택 이상 및 조정대상지역 2주택(%)
3억 원 이하	0.6	1.2
3억~6억 원	0.8	1.6
6억~12억 원	1.2	2.2
12억~50억 원	1.6	3.6
50억~94억 원	2.2	5.0
94억 원 초과	3.0	6.0

만약 1세대 1주택자가 공시가격 12억 원의 A주택을 부부 공동명의로 소유하고 있다면, 개인별 공제금액은 6억 원이기 때문에 6억 원을 초과해야 부과되는 종합부동산세의 과세대상이 되지 않는다.

■ 부부 공동명의 주택의 경우

구분		남편	아내
A주택	지분	50%	50%
	지분별 공시가격	6억 원	6억 원
공제금액		6억 원	6억 원
과세표준		–	–

한편, 조정대상지역에서 남편 단독명의로 공시가격 6억 원의 A주택 1채를 소유하고 있는 상황에서 같은 지역에 있는 공시가격 8억 원의 두 번째 B주택을 부부 공동명의(5:5)로 매수하려고 한다고 가정해보자. 남편의 과세표준은 A주택 6억 원과 B주택의 4억 원을 합산한 10억 원에서 6억 원을 공제한 후, 2020년 공정시장가액비율 90%를 적용하면 3억 6,000만 원이 된다. 남편은 1.6%의 세율이 적용되어 576만 원이 된다. 한편 아내는 B주택 공시가격의 50%에 해당하는 4억 원의 지분이 주어지지만, 공제금액 6억 원보다 작기 때문에 종합부동산세 과세대상에서 제외된다.

■ 남편 단독명의 + 부부 공동명의(5:5) 주택의 경우

구분		남편	아내
A주택	지분	100%	–
	지분별 공시가격	6억 원	–
B주택	지분	50%	50%
	지분별 공시가격	4억 원	4억 원
최종 합산 공시가격		10억 원	4억 원
공제금액		6억 원	6억 원
과세표준		3억 6,000만 원	–
적용세율		1.6%	–
		576만 원	–

하지만 이때 공동명의 지분을 조정하면 결과가 달라진다. B주택

의 지분을 남편 20%, 아내 80%로 설정하면 남편의 과세표준은 1억 4,400만 원, 아내는 3,600만 원이 된다. 누진세율이 적용되는 종합부동산세에서 과세표준을 낮추는 것은 매우 중요하다. 과세표준이 올라갈수록 더 높은 세율이 적용되기 때문이다. 결국 남편은 172만 8,000원, 아내는 21만 6,000원으로 줄어든다. 공동명의 지분을 어떻게 정하는지에 따라서 381만 원까지 절세가 가능하다.

■ 남편 단독명의 + 부부 공동명의(2:8) 주택의 경우

구분		남편	아내
A주택	지분	100%	–
	지분별 공시가격	6억 원	–
B주택	지분	20%	80%
	지분별 공시가격	1억 6,000만 원	6억 4,000만 원
최종 합산 공시가격		7억 6,000만 원	6억 4,000만 원
공제금액		6억 원	6억 원
과세표준		1억 4,400만 원	3,600만 원
적용세율		1.2%	0.6%
		172만 8,000원	21만 6,000원

부동산을 매수할 때 공인중개사에게 공동명의로 진행할 계획이라고 하면 보통 5:5로 진행되는 경우가 많다. 때문에 지분 비율에 대해 미리 명확한 의사를 전달해야 한다.

추가 주택 취득 후에 예상되는 부부 각자의 과세표준을 고려해서 미리 지분 비율을 조정하면 절세가 가능하다. 왜냐하면 누진세율이 적용되기 때문이다. 즉 과세표준이 높아질수록 더 높은 세율을 적용받기 때문에 부부 각자의 과세표준 자체를 낮추는 방향으로 지분을 배분하는 것이 유리하다.

1세대 2주택인 경우 공동명의로 양도소득세를 절감할 수 있다. 양도소득세는 지분에 따라서 과세되는데, 과세 금액이 나뉘면 단독명의일 때보다 더 낮은 구간의 누진세율을 적용받기 때문이다. 2년 이상 보유한 주택에 대한 양도소득세 기본세율과 중과세율은 다음과 같다.

■ 양도소득세율(2021년 6월 1일부터 중과세율 적용, 단위: %)

과표	기본세율	2주택자 (+20%P)	3주택자 (+30%P)	누진공제
1,200만 원 이하	6	26	36	–
1,200만 원 초과~4,600만 원 이하	15	35	45	108만 원
4,600만 원 초과~8,800만 원 이하	24	44	54	522만 원
8,800만 원 초과~1억 5,000만 원 이하	35	55	65	1,490만 원
1억 5,000만 원 초과~3억 원 이하	38	58	68	1,940만 원
3억 원 초과~5억 원 이하	40	60	70	2,540만 원
5억 원 초과~10억 원 이하	42	62	72	3,540만 원
10억 원 초과	45	65	75	5,040만 원

만약 5년간 보유한 아파트를 매도하는데, 양도소득 과세표준이 1억 7,000만 원이고 기본세율이 적용된다고 가정해보자. 과세표준이 1억 7,000만 원이기 때문에 단독명의일 경우 38%의 세율이 적용된다. 하지만 공동명의라면 부부 각각 8,500만 원의 양도차익으로 분산되기 때문에 24%의 세율을 적용받는다. 또한 단독명의라면 한 번의 기본공제 250만 원이 적용되지만, 공동명의일 경우 부부 각각 250만 원씩 총 500만 원을 공제받을 수 있기 때문에 유리하다.

한편, 2020년부터(2019년 귀속)는 주택 임대소득의 수입 금액이 2,000만 원 이하인 주택 임대자는 의무적으로 신고하여 소득세를 납부해야 한다. 뿐만 아니라 비소형 주택을 부부 합산 3채 이상 소유하고, 비소형 주택 보증금 등의 합계가 3억 원을 초과하는 경우 주택의 보증금 등에 대한 간주임대료를 납부해야 한다.

보증금에 대한 간주임대료를 계산할 때 보증금 총 합산 금액에서 3억 원을 기본으로 공제하게 된다. 이때 단독명의 주택과 공동명의 주택을 구분하여 계산하게 된다. 이와 관련하여 '공동사업의 경우 공동사업장을 1거주지로 보아 공동사업장별로 소득금액을 계산한다'고 규정하고 있다. 즉 공동명의 주택은 각각의 객체로 인정되어 별도 3억 원의 공제가 가능한데, 바로 이 부분에서 절세가 가능하다.

물론 임대사업자 등록 여부에 따라서, 그리고 근로소득 등으로 인해서 종합과세 합산으로 계산할지 아니면 분리과세를 적용할지에 따라 최종 임대소득세는 달라진다. 계산상의 편의를 위해 여기서는 최종 간주임대료의 합을 비교해보자.

예를 들어, 남편 단독명의로 주택 3채를 가지고 있으며 총 보증금이 22억 원이라고 가정해보자. 모든 주택이 남편 명의이기 때문에 총 보증금에서 3억 원만 공제받는다. 그리고 이 금액에 60%를 곱한 후 다시 2019년 정기예금 이자율인 2.1%를 곱하게 된다. 이때 계산된 총 간주임대료는 2,394만 원이다. 보증금을 통해서 2,394만 원의 수익이 있는 것으로 간주하고 이에 해당하는 소득세를 내야 하는 것이다.

■ 남편 단독명의로 주택 3채를 소유한 경우

주택	소유권	보증금	간주임대료 계산방식	간주임대료
주택 1	남편 단독명의	5억	5억 원×0.6×2.1%	630만 원
주택 2	남편 단독명의	7억	7억 원×0.6×2.1%	882만 원
주택 3	남편 단독명의	10억	(10억 원−3억 원)×0.6×2.1%	882만 원
총 간주임대료				남편 2,394만 원

만약 주택 3채를 모두 부부 공동명의로 소유하고 있다면 총 간주임대료는 2,394만 원으로 위의 경우와 동일하지만, 공동명의이기 때문에 남편 1,197만 원, 아내 1,197만 원의 소득으로 계산된다.

■ 3채의 주택을 모두 부부 공동명의로 소유한 경우

주택	소유권	보증금	간주임대료 계산방식	간주임대료
주택 1	공동명의(5:5)	5억	5억 원×0.6×2.1%	630만 원
주택 2	공동명의(5:5)	7억	7억 원×0.6×2.1%	882만 원
주택 3	공동명의(5:5)	10억	(10억 원–3억 원)×0.6×2.1%	882만 원
총 간주임대료				남편 1,197만 원 아내 1,197만 원

반면에 3개의 주택을 남편 1채, 아내 1채, 공동명의 1채로 소유한 경우는 그 결과가 다르다. 앞서 언급한 바와 같이 공동명의 주택은 별도의 3억 원이 공제되기 때문에, 총 간주임대료는 1,638만 원으로 낮아진다. 간주임대료는 남편은 693만 원, 아내는 945만 원이 된다.

■ 3채의 주택을 남편 1채, 아내 1채, 부부 공동명의 1채로 소유한 경우

주택	소유권	보증금	간주임대료 계산방식	간주임대료
주택 1	남편	5억 원	(5억 원–3억 원)×0.6×2.1%	252만 원
주택 2	아내	7억 원	(7억 원–3억 원)×0.6×2.1%	504만 원
주택 3	공동명의(5:5)	10억 원	(10억 원–3억 원)×0.6×2.1%	882만 원
총 간주임대료				남편 693만 원 아내 945만 원

마지막으로, 매년 6월 1일 기준 사실상 재산을 소유하고 있다면 재산세가 부과된다. 아파트 같은 주택의 경우 공시가격의 60%가 과세표준이 되는데, 여기에 4단계에 걸친 누진세율이 적용된다.

과세표준 구간	과세표준
6,000만 원 이하	0.1%
6,000만 원 초과~1억 5,000만 원 이하	6만 원+ 6,000만 원 초과 금액의 0.15%
1억 5,000만 원 초과~3억 원 이하	19만 5,000원+1억 5,000만 원 초과 금액의 0.25%
3억 원 초과	57만 원+3억 원 초과 금액의 0.4%

누진세율이 적용되는 재산세는 공시가격이 증가할수록 큰 폭으로 증가하게 된다. 이를 방지하기 위해서 세부담상한제가 존재하는데, 전년도 재산세액 대비 일정비율을 초과하여 증가하지 않도록 한도를 설정한 것이다.

■ 재산세 세부담상한선

공시가격 3억 원 이하 주택	105%
공시가격 3억 원 초과 ~ 6억 원 이하 주택	110%
공시가격 6억 원 초과 주택	130%

세법에 대해서 모든 것을 알기란 불가능하다. 용어도 어렵고 무엇보다도 자주 변경되기 때문에 최신 정보를 따라가기에도 벅차다. 하지만 적어도 부동산과 관련하여 내가 내는 세금의 종류와 그 세금이 산정되는 방식에 대해서는 전문가처럼 훤히 알고 있어야 한다. 그런 과정을 통해 스스로에게 가장 잘 맞는 절세 방법을 찾을 수 있기 때문이다.

22

큰돈에 익숙해져야
기회를 잡는다

'준비된 자가 기회를 잡는다'라는 말이 있다. 영어권에서 사용되는
'Luck is when preparation meets opportunity(행운은 준비와 기회
가 만날 때이다)'라는 말도 비슷한 뜻을 전달한다.

언뜻 들어서는 쉬운 말 같은데 막상 실천하려니 막막했다. 어떤 준
비를 해야 무슨 기회를 잡을 수 있다는 것인지 모호했다. 그냥 그럴싸
한 듣기 좋은 명언일 뿐이라고 생각했다. 막연했지만 나도 기회를 잡고
싶었기 때문에 나름의 준비를 했다. 경제 신문도 꾸준하게 읽고, 부동
산 책을 통한 간접 경험도 쌓아나갔다. 부동산 현장에도 자주 나가며,
급매를 잡기 위한 마이너스 통장도 열어두었다.

그런 준비의 시간을 거쳐 투자를 시작했다. 부동산 투자 초기에는

2억 원대 아파트만 찾았다. 내가 감당할 수 있는 자금 수준이 딱 그만큼이었기 때문이다. 그랬더니 내 투자 시야는 2억 원대 아파트가 있는 동네로만 제한되었다. 서대문구, 강서구, 강북구, 노원구는 친숙했지만 강남구, 서초구, 송파구는 낯설었다. 어차피 살 수 없으니 굳이 자세히 알려고 하지도 않았다.

하지만 투자 후반부에는 강남으로 시야를 넓히게 되었다. 처음에는 대청역, 일원역, 수서역 주변의 소형 아파트를 알아갔다. 첫 강남 아파트 소유권 등기가 완료되고 8개월 만에 무려 7억 원대 아파트를 계약하게 되었다. 그리고 잠실로 이사한 후에는 불과 5개월 만에 11억 원이 넘는 아파트를 계약하기에 이르렀다. 2008년부터 7년간 강북과 수도권으로 한정되어 있던 내 투자 시야는 책을 통한 우연한 계기로 강남 아파트로 확장되었다. 그 결과 불과 2년 6개월 만에 자산에 큰 변화가 생겼다. 그리고 조기 은퇴까지 가능하게 되었다.

내가 잡은 기회는 우연히 얻은 기회가 아니었다. 이런 변화의 시작은 눈높이의 변화에 있었다. 투자 눈높이를 높였기 때문에 기회를 볼 수 있었던 것이다.

기회는 눈높이가 맞을 때 보이는 것이다.

부동산 투자 눈높이란 무엇인가? 투자 가능성이다. 그런데 이 투자 가능성의 한계는 투자금에 의해 제한된다.

예를 들어, 직장 생활을 10년쯤 한 평범한 맞벌이 부부라면 5억 원 정도의 자산이 준비됐을 것이다. 조금 넓은 집으로 이사를 가려고 한다. 그럼 대출을 감안해서 최대 8억 원으로 자산의 한계를 스스로 정한다. 그리고 결국 8억 원짜리 아파트만 보게 된다. 내 손에는 5억 원밖에 없기 때문에 8억 원짜리 아파트도 커 보인다. 어느덧 8억 원 아파트가 인생의 목표가 된다. 이제 수십 년에 걸쳐 대출 3억 원을 갚을 계획만 세운다. 더 이상의 자산 확장 계획은 꿈도 못 꾼다. 50억 원을 목표로 세우고 그 기회와 방법을 찾기 위해 노력하는 것이 아니라, 온 정신을 오직 대출금 3억 원을 갚는 데에만 몰두하게 된다.

나는 투자금의 한계를 극복하려고, 다시 말해 더 큰돈에 익숙해지려고 노력했다. 홍제동 아파트는 시세가 3억 원도 안 되었지만 10억 원이 넘는 강남 아파트를 열심히 보러 다녔다. 당장 돈은 없지만 압구정 한양 아파트와 대치동 은마 아파트를 구경했다. 반포자이, 대치미도, 잠실 아시아선수촌을 내 집 다니듯 다녔다. 시간만 나면 잠원동 신반포 8차, 개포주공 5단지에 놀러 갔다.

3억 원도 되지 않았던 아파트에 만족했다면 수서까치마을 아파트와 잠실파크리오 아파트를 발견하지 못했을 것이다. 잠실에 이사 와서 만족스러운 실거주 경험을 하지 못했다면 루체하임 아파트라는 기회도 발견하지 못했을 것이다.

강남으로 건물을 보러 다닐 때도 마찬가지였다. 처음에는 30억 원을 상한선으로 정하고 물건을 찾았다. 30억 원이라는 숫자에서 오는 중압감은 대단했다. 하지만 현장의 물건들은 그렇지 못했다. 허름한 다세대 주택이 많았다. 대치동 은마 아파트 후문에 있는 작은 2층 건물은 그래도 공실은 없었다.

50억 원대로 눈높이를 높였다. 주택을 개조해서 카페와 식당이 입점한 반포동 건물은 괜찮아 보였다. 양재동 카페거리 코너에 위치한 건물은 전체 리모델링이 필요한 상태였다. 1층과 2층에 예쁜 카페가 입주해 있는 논현동 준주거지역 7층 건물도 마음에 들었다.

건물을 보는 눈이 조금씩 생기는 것 같았다. 70억 원대로 눈높이를 높였다. 학원 임대로 꽉 찬 7층짜리 대치동 건물도 보게 되었고, 성형외과가 입점한 청담동 건물도 눈에 들어왔다. 그렇게 건물들을 보던 중 삼성동의 30억 원대 건물을 다시 보게 되었다. 체감 액수는 10억 원으로 느껴졌다. 처음에는 30억 원도 부담되었는데 70억 원대 건물까지 보니 30억 원대 건물은 이제 편안해졌다. 구체적인 매수 방법과 운용 전략이 머릿속에 그려졌다.

눈높이를 높여서 큰돈에 익숙해져야 한다. 그럼 현재 자산에 대한 시각이 달라진다. 더 큰 자산에 대한 구체적인 목표와 계획이 생긴다. 나와 전혀 상관없는 것으로 보이는 큰 자산이 어느새 달성 가능한 목표가 된다. 그럼 놀랍게도 방법을 고안해내기에 이른다. 투자 눈높이를 높이면 더 큰 기회를 볼 수 있는 것이다.

회사에 결혼을 몇 개월 앞둔 예비신부가 있었다.

"신혼집은 어디로 알아보고 있어요?"

"길음동, 홍제동, 양평동을 좀 알아봤는데, 딱 마음에 드는 데가 없네요."

"3억 원 정도 되는 집을 찾고 있다고 했죠?"

"네, 어디 좋은 데 있어요?"

"신랑 직업도 좋으니 대출을 받아서 송파구로 오는 건 어때요?'

"송파구요? 거기는 비싸지 않아요?"

"올림픽 때 지어진 문정시영 아파트라고 있는데요. 수서역세권 개발, 문정법조단지 개발 영향도 있고, 특히 리모델링 진행 중이라서 실거주와 투자를 같이 할 수 있어요. 18평이 매매는 4억 원 중반이고 전세는 2억 원이에요. 저도 여기 11평 물건 사려고 여러 번 가봤거든요. 11평은 매매 3억 원에 전세 1억 원대 초반이고요."

"송파구인데도 그렇게 안 비싸네요?"

"제가 잠실로 이사 와서 살아보니까 송파구가 참 살기 좋더라고요. 대형 개발 호재도 많고요. 문정동도 잠실하고 가까워서 편의시설 이용하기에도 좋을 거예요."

그렇게 투자 눈높이를 높여 신혼집으로 송파구 문정시영 아파트를 매수한 신혼부부는 그 후 1년 만에 서초구 서초동의 소형 아파트를 매수했다. 그리고 지금은 강남구 아파트에 3번째 투자를 계획 중이다. 투자 눈높이가 3억 원에 머물러 있었다면 10억 원의 기회를 결코 발견하지 못했을 것이다.

우리는 시간이 지난 후 그제야 그것이 놓치기 아까운 기회였다는 것을 알고 후회하게 된다. 기회(chance)는 언제든 누구에게나 무심하게 다가온다. 여기에 내 계획과 실행이 더해질 때 비로소 진정한 기회(opportunity)가 된다. 중요한 것은 그 기회를 놓치지 않고 알아채는 것이다. 바로 그 시작이 투자 눈높이를 높이는 것이다.

23

집은 '언제' 사느냐보다
'어디를' 사느냐가 중요하다

'미국이 금리를 올리면 폭락할 거야.'

'인구가 줄어들면 아파트값은 떨어질 거야.'

'집값이 너무 올랐으니 이제 떨어질 때가 됐어.'

투자 결정을 앞두고 한 번쯤 하게 되는 고민이다. 모두 When(언제)
에 관한 이야기다. 투자의 기본은 쌀 때 사서 비쌀 때 파는 것이다. 그
래서 우리는 다양한 데이터를 바탕으로 가장 싼 값에 원하는 아파트를
살 수 있는 최적의 타이밍만을 찾기 위해서 노력한다.

이렇게 When도 고려해야 하지만 더 중요한 요소가 있다. 바로
What(무엇을)이다.

'언제' 사느냐가 아니라 '어떤' 아파트를 사느냐가 중요한 것이다. 어떤 아파트를 선택하느냐에 따라서 결과는 크게 달라지기 때문이다.

1996년부터 2020년까지 다음 아파트의 시세 변화는 What의 중요성을 알 수 있다.

■ 강북/강남 아파트 시세 비교

아파트	1996년 4월 최고 시세	2020년 11월 KB 상위평균	시세변화
강남구 대치동 은마 아파트 31평	1억 8,000만 원	21억 1,500만 원	▲19억 3,500만 원
강남구 압구정동 한양 1차 32평	2억 원	23억 9,000만 원	▲21억 9,000만 원
강남구 대치동 미도 2차 34평	2억 4,000만 원	23억 5,000만 원	▲21억 1,000만 원
노원구 중계동 청구 37평	2억 1,000만 원	11억 1,000만 원	▲9억 원
서대문구 북가좌동 한양 38평	2억 2,000만 원	9억 500만 원	▲6억 8,500만 원
관악구 신림동 현대 40평	2억 3,500만 원	8억 3,000만 원	▲5억 9,500만 원

1996년에 2억 원 내외면 강남구 압구정동 아파트를 살 수도 있었으며, 노원구나 서대문구의 더 넓은 아파트를 살 수도 있었다. 하지만 24년 후 무려 3배까지 시세 차이가 발생했다.

What의 중요성을 보여주는 사례는 주변에서도 쉽게 볼 수 있었다.

직장이 위치해 있는 5호선을 고려하여 2017년에 신혼집으로 영등포구 문래동의 소형 아파트를 2억 원대 후반에 매수한 지인이 있다. 현재 실거래가 5억 원을 기록한 이후 매물은 5억 원대 중반 수준에서 나오고 있다. 이보다 두 달 늦게 송파구 소형 아파트를 3억 원대 초반에 매수한 회사 동료가 있다. 이 친구는 직장까지의 거리는 조금 멀지만 개발 가능성을 높게 봤다. 지금은 7억 원 실거래 이후 7억 원 중반대 매물을 볼 수 있다. 매수 금액에는 크게 차이가 없었지만 현재까지의 투자 결과는 2억 원의 차이가 발생했다.

회사의 또 다른 한 직원은 고양시 신축 아파트를 4억 원대 초반에 분양받았다. 비슷한 시기에 한 지인은 송파구 올림픽훼밀리 아파트를 8억 원대 중반에 계약했다. 3년이 지난 지금 고양시 아파트의 최근 실거래가는 5억 원대 후반이다. 송파구 아파트의 실거래가는 16억 5,000만 원이고, 매물 호가는 18억 원이다. 비록 투자금의 차이는 있었지만, 비슷한 투자시기에 어떤 아파트를 선택했는지에 따라서 투자 결과는 크게 달라졌다.

What의 중요성은 나의 투자 경험에서도 잘 드러난다. 앞서 밝힌 바와 같이 평균 8년을 보유했던 투자 초기 아파트 3채의 명목상 총 시세차익은 1억 5,000만 원이었다. 1채가 아니라 무려 3채를 합친 시세차익이다. 수년간 지출한 대출 이자, 재산세, 양도세, 합의금, 소송비용 등을 감안하면 실제 차익은 1억 원 정도가 된다. 아파트 3채 모두 양도세를 내면서 매도했지만, 성공적인 투자라고 보기에는 어려웠다. 하지만 투자 후반기에 매수한 아파트 3채의 현재까지 시세 변화는 다음과 같다.

■ 강남 아파트 3채의 시세 변화(2021년 1월 기준)

아파트	매수 가격	현재 시세	보유기간
강남구 수서까치마을 17평	3억 600만 원	12억~13억 원	6년
송파구 잠실파크리오 26평	7억 3,000만 원	19억~20억 원	5년
강남구 래미안개포루체하임 26평	11억 5,900만 원	24억~25억 원	3년 6개월

'어떤' 아파트인지를 나타내는 What은 단순히 지역만을 의미하지 않는다. 강남 vs 강북, 신축 vs 구축, 신축 vs 재건축, 학군 vs 편의시설, 환경 vs 교통, 직주근접(직장과 주거시설이 근접한 것) vs 넓은 평수, 고급화 vs 역세권 등 아파트 시세에 영향을 미치는 모든 요소를 포함한다.

What을 선택하는 자신만의 흔들리지 않는 기준을 세워야 한다. 그리고 그 기준이 투자 성과에 어느 정도로 영향을 미칠 것인지 조금은 긴 호흡으로 고민해야 한다.

예를 들어, 대부분의 사람이 직장과의 거리를 중요한 What으로 생각한다. 신혼 초기에 아내는 광화문에, 나는 종로에 위치한 회사를 다니고 있었기 때문에 출퇴근이 편한 인근 지역의 아파트를 매수했다. 하지만 그 아파트에 입주하기도 전에 아내의 회사는 노량진으로 옮겨졌다. 또 얼마 지나지 않아서 노량진에서 방배동으로 이사를 갔다.

최근에는 지방으로 이전하는 공기업도 많아졌고, 해외 주재원으로 발령받는 직장인도 주변에서 자주 보게 된다. 대기업도 본사를 이전하는 경우가 잦아졌다. 한국경제연구원에서 2020년 5월 발표한 자료에 의하면 대기업·정규직 부문의 근속연수는 13.7년, 중소기업·비정규직 부분의 근속연수는 2.3년이다. 2020년 6월 기준 국내 총 근로자 중 90.1%는 300인 미만의 사업장에서 일하고 있다는 사실을 고려해볼 때, 단순히 출퇴근 시간만을 고려해서 투자처를 선택하기에는 변동성이라는 외부적인 위험에 쉽게 노출되어 있다.

어렸을 때 즐겨 하던 부루마블 게임에서 결국 승패를 가르는 곳은 첫 주사위에서 걸리는 타이페이, 마닐라, 카이로가 아니었다. 주사위를 4~5번 굴려야 도착할 수 있는 서울, 뉴욕, 런던, 파리가 있는 고가의 지역이었다. 게임의 승패는 주사위를 던지는 순서와는 상관이 없었다. 누가 먼저 이 고가의 지역을 선점해서 별장을 세우고 호텔을 짓느냐에 달려 있었다.

각자의 상황에서 최선의 What을 선택할 수 있는 지혜를 키워야 한다. 어떤 What을 더 중요하게 여기는지에 따라 결과가 달라질 수 있기 때문이다. 하지만 너무 조급해할 필요는 없다. 때로는 단계적인 전략을 사용해야 하기 때문이다.

마치 부루마블 게임 초반부터 뉴욕, 파리에 건물을 지을 수 없는 것과 같다. 돈이 부족하기 때문이다. 먼저 카이로를 차지해서 여기에서 돈을 벌고, 전체 도시를 한 바퀴 돌 때마다 받는 급여도 저축해야 한다. 마침내 이렇게 모은 자금을 바탕으로 파리에 땅을 사놓고, 그다음 기회에 별장을 세우는 과정이 필요하다.

자신에게 맞는 합리적인 What을 선택하는 안목은 실전 경험을 통해서 키워진다. 경기도의 한 병원에서 정형외과 의사로 일하는 지인이 있다. 매달 세금을 제외하고 1,000만 원의 월급을 받는다. 병원 근무로 돈 쓸 시간이 없어서 현금은 많은데, 은행에 저금하자니 은행 이자율은 낮아서 만족스럽지 않았다. 그래서 투자와 실거주까지 가능한 부동산 투자처에 관해 조언을 구해왔다. 그에게 강남의 한 아파트를 추천했고, 2018년 봄에 로열층을 3억 8,000만 원에 매수했다. 실거주 계획에 차질이 생겨 아쉽게도 2년 만에 매도했는데, 매도가격은 5억 2,000만 원이었다.

부동산 책 한 권 읽지 않는 부동산 초보였지만, 직접 매수 계약을 하고, 천장 누수를 해결하고, 전세 세입자를 새로 구하고, 집을 내놓고, 매도 계약까지 하는 경험을 해보니 눈이 밝아졌다고 했다. 어디에 어떤 아파트를 왜 사야 하는지에 대한 감을 조금이나마 잡게 되었다고 했다. 직업의 안정성 때문에 투자에 대한 필요성을 깨닫지 못했는데, 이제는 혼자서도 아파트 투자를 할 수 있겠다는 자신감까지 생겼다고 했다.

투자의 승패를 결정짓는 것은 실전 경험에서 키운 What에 대한 판단력이다. When을 염두에 두면 투자 자체를 망설이게 될 뿐이다.

PART
4

그렇게,
나는 정말로
은퇴를 했다

24

나는 은퇴했지만, 노후 걱정이 없다

깜짝 놀라서 눈을 떴다. 늦은 것 같았다. 시계를 보니 오전 7시 55분이었다.

'아, 이제 출근 안 해도 되지?'

창밖을 내려다보니 출근하는 사람들이 잠실나루역으로 바쁘게 움직이는 것이 보였다.

'나도 며칠 전까지만 해도 저랬는데.'

2019년 7월, 아내와 나는 은퇴했다. 만 38세였으니 조기 은퇴를 한 셈이다. 2007년 봄부터 맞벌이를 시작했고, 여기까지 12년이 걸렸다.

은퇴 계획은 아직 미완성이었다. 시간이 더 필요했다. 우선 대출을 모두 상환해서 원리금 부담을 없애야 했기 때문이다. 대출상환은 큰 폭으로 오른 전세금으로 할 계획이었다. 그런데 루체하임 아파트의 전세 만기는 당시 2년이나 남았다. 또 세계여행을 가려면 현재 살고 있는 잠실 아파트도 전세든 월세든 세를 줘야 하는데, 그럼 가전이나 가구 등 살림살이를 어떻게 처리해야 할지도 결정하지 못했다.

완벽한 은퇴 준비까지 시간이 더 필요했지만, 사실 자산에 대한 자신감이 은퇴를 실행할 수 있는 용기를 줬다. 50억 원에 가까운 순자산이면 연간 1억 원씩 50년, 5,000만 원씩 100년을 쓸 수 있는 금액이다. 원금에 연간 이자가 2%만 붙는다고 해도 매년 1억 원의 이자 수익이 발생한다. 합리적인 소비를 한다면 원금을 단 1원도 쓰지 않고, 은행 이자만으로도 평생 살 수 있을 정도의 금액인 것이다. 우리 부부가 다 쓰지 못할 금액이라고 생각했고, 그래서 하루라도 젊을 때 은퇴를 하자는 결론에 이르렀다.

계산기로만 접근한 사람들은 그 돈으로 무슨 은퇴냐며 걱정이 앞설 수도 있을 것이다. 미래를 알 수는 없지만, 지난 12년간의 노력과 인내, 실행력을 되돌아볼 때, 앞으로의 120년도 계획대로 잘 실행해나갈 수 있을 것이라는 용기가 있었다.

은퇴 후 두 달이라는 꿈만 같은 자유 시간이 흘렀다. 그리고 추석 연휴가 끝날 때쯤 전화가 왔다. 루체하임 아파트 임차인이었다.

'새 아파트라서 누수 문제는 아닐 텐데, 무슨 하자가 발생했나?'
'설마 나간다고 전화하는 건가?'

세입자의 전화가 제일 무섭다. 세입자에게서 전화가 오면 둘 중에 하나이다. 물이 새거나 이사를 가거나. 이번에도 둘 중에 하나였다.

"사모님, 안녕하세요. 무슨 일이세요?
"다름이 아니라 저희가 이사를 가야 할 것 같아서요."
"이사요? 이제 7개월밖에 안 됐는데 나가신다고요?"
"네, 애기 아빠가 직장이 멀어져서 힘들어해요. 전에 살던 동네로 다시 가려고요."
"이사는 언제쯤으로 계획하세요?"
"빠를수록 좋은데요, 한 달 정도 생각합니다."
"저도 시세도 좀 알아봐야 하니까 다시 전화를 드리겠습니다."

몇 군데 부동산과 통화를 했다. 현재 전세 물건이 없다고 했다. 전세 물건이 나오기만 하면 그게 시세라고 했다. 근처 래미안블레스티지의 같은 평수 전세 물건은 9억 5,000만 원에서 10억 원 사이라고 했다.

'캬~ 세입자가 추석 선물을 줬구나!'

세입자 전화 한 통으로 은퇴 준비 마무리가 2년 앞당겨졌다. 새로 전세를 구하면 최소 3억 원 정도의 보증금을 올려받을 수 있을 것으로 예상했다. 그럼 루체하임 잔금 때 받은 대출을 갚고도 1억 원이 남는다. 분양권 구입을 위해 받은 추가 대출도 갚을 수 있을 것이다.

3억 원을 모으려면 월 100만 원씩 25년을 모아야 하고, 3억 원을 3% 이자율로 대출을 받으면 30년 동안 내는 이자가 무려 1억 5,500만 원이 넘는다.

'역시 대출은 이렇게 갚는 거지!'

순간 또 머리가 빠르게 돌아가고 있었다. 아내와 긴급회의를 했다.

"내년 3월이면 어차피 우리는 세계여행을 가잖아. 살림살이 때문에 집을 그냥 두고 떠나는 것도 생각해봤는데, 원래 계획대로 우리 집을 세를 주면 어때?"
"파크리오를 전세 주고 가자고?"
"전세까지는 필요 없고, 대출 상환할 만큼만 보증금으로 받고 나머지는 월세를 받는 거지."

"지금 시세가 얼마인데?"

"전세 7억 5,000만 원 정도라는데, 우리 집은 로열 물건이니 잘 받을 수 있을 거야. 루체하임을 전세로 다시 놓으면 3억 원 정도 더 받을 수 있고, 파크리오 보증금을 4억 원만 받아도 대출을 전부 갚을 수 있거든. 반전세로 보증금 4억 원이면 월세는 100만 원 정도 나올 거야. 그럼 원리금은 0원이 되고, 매달 월세 100만 원이 들어오게 되면 비상용 현금도 추가로 준비해둘 수 있거든. 그리고 2년마다 보증금 인상분이 들어오게 되는 거지."

"우리 이사 들어올 때 전부 다 수리했는데 망가지면 어떡해? 짐은 어떻게 처리하지? 여기 이사올 때 5톤 트럭에 가득 찰 정도였잖아."

실거주하던 파크리오 아파트를 세를 주기 위해서는 침대, 서랍장, 장롱, 식탁 등의 가구부터 시작해서 냉장고, TV, 에어컨 등의 가전까지 부피가 큰 살림들을 처리해야 했다. 사설 창고업체를 통해서 짐을 보관할 수도 있지만 매월 비용을 내야 한다. 팔 수 있는 것들은 최대한 팔고 나머지는 박스에 넣어 양가 집에 보관하는 방법도 있는데, 부피가 상당할 것 같아서 그것도 쉬운 일은 아니다.

그 순간 번쩍이는 아이디어가 떠올랐다. 루체하임 아파트 지하에는 창고가 있다. 모든 세대에게 지하 창고 1개씩을 나눠줬다. 지금은 세입자가 쓰고 있다. 대략 라면 박스 50개 이상은 들어갈 정도의 크기였다.

"루체하임 지하에 창고 있잖아! 거기를 쓰면 되겠네. 새로운 세입자와는 협의를 해서 우리가 쓰는 걸로 하면 되겠어."

"아! 그렇네. 지하 창고에 제습기도 설치되어 있고 관리도 잘되는 거같던데. 그런데 가전, 가구는 안 들어갈 거 같은데. 최대한 팔아보고 안팔리면 파크리오 세입자한테 옵션으로 제공하면 되겠다. 신혼 때 산 거여서 벌써 10년도 넘게 썼잖아. 시간 더 지나면 돈 받고 파는 게 아니라 오히려 돈 주고 버려야 할지도 몰라."

파크리오 반전세는 일주일 만에 나갔다. 세입자는 결혼을 앞둔 신혼부부였는데 가전과 가구를 그대로 사용하는 조건을 흔쾌히 수락했다. 그로부터 2주 후에 루체하임 전세도 나갔다. 창고를 사용하는 조건으로 가격 조정을 했지만 만족스러운 금액으로 계약이 성사되었다.

이제 지난 1년간 설계한 은퇴 계획이 완성되었다. 현금흐름이 줄어들 것을 대비해서 대출 원리금 부담을 없앴고, 월세 수입으로 해외에서지낼 숙소 비용을 충당할 수 있도록 준비했다. 또한 2년마다 1억 원의목돈이 들어오는 시스템을 만들었다. 전세금이 오르지 않을 경우를 대비해서 약 10년 치 생활비를 현금으로 준비해두었다. 이 과정에서 평생함께할 생각으로 일시불로 구입한 독일 자동차를 3년 만에 눈물을 머금고 매각해야 하는 슬픔이 따르기도 했다.

■ 파크리오 아파트 대출말소 등본

순위번호	등 기 목 적	접 수	등 기 원 인	권리자 및 기타사항
				[집합건물] 서울특별시 송파구 신천동 17외 1필지 파크리오
				← 잠실파크리오자결 →
2	1번근저당권설정등 기말소	2015년2월3일 제8002호	2015년2월3일 해지	
3	근저당권설정	2017년1월13일 제2569호	2017년1월11일 설정계약	채권최고액 금312,000,000원 채무자 서울특별시 서대문구 근저당권자 주식회사한국스탠다드차타드은행 서울특별시 종로구 종로
4	근저당권설정	2017년6월19일 제77047호	2017년6월15일 설정계약	채권최고액 금325,900,000원 채무자 서울특별시 송파구 근저당권자 주식회사한국스탠다드차타드은행 서울특별시 종로구 종로
5	3번근저당권설정, 4번근저당권설정등 기말소	2019년12월30일 제201868호	2019년12월27일 해지	

-- 이 하 여 백 --

은퇴 계획은 자연스럽게 노후준비 계획으로 이어졌다. 노후준비에는 여러 가지 부분이 있겠지만, 여기서는 경제적인 부분만 소개하고자 한다.

원리는 이렇다. 우선 8~10년간의 세계여행이 끝나면 다시 잠실에 정착한다. 그리고 그 시점에 아파트 1채를 매도할 예정이다. 첫 번째 아파트 매도를 통해 확보한 현금으로 30년간 매년 1억 원씩 여유롭게 사용한다. 1년 중 절반 이상은 해외에서 지낼 계획이다. 아마도 뉴욕과 런던을 오가며 지낼 것 같다. 그럼 80세가 된다. 건강이 허락된다면 두 번째 아파트를 매각해서 같은 방식으로 30년을 사용할 예정이다. 이제

110세가 된다. 실거주용 아파트 1채는 있어야 하기 때문에 세 번째 아파트는 계속 보유할 생각이다.

■ 노후준비 연대기

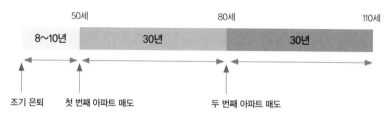

노후준비의 기본 원칙은 원금을 잃지 않는 것이기 때문에, 화려한 이름의 금융상품보다는 기본적인 은행 예금만을 고려했다. 비록 지금은 1%대 금리를 유지하고 있지만, 부동산 투자 초기만 해도 5%짜리 HSBC 자유입출금 통장을 사용했던 경험이 있기 때문에 금리에 대해서는 긍정적으로 생각하고 있다. 그래서 10년 후의 예금 이자를 3%로 가정했고, 16년 차부터는 4%로 가정했다. 이자 소득에 대한 세금은 15.4%를 적용했다. 30년간의 평균 이자소득은 연간 3,000만 원에 불과하기 때문에 금융소득에 대한 종합과세를 적용한다고 해도 이와 비슷한 세율이 적용될 것으로 보인다. 이를 표로 정리하면 다음과 같다.

매년 소비하는 금액이 부족할 수도 있고, 남을 수도 있다. 가정한 금리가 실제보다 낮을 수도 있고, 더 높을 수도 있다. 물가는 계속 오를 것이기 때문에 현금 가치는 점점 낮아질 것도 충분히 예상할 수 있다.

■ 20억 원으로 30년 생활하기 예시(단위: 원)

연차	원금	이자율	이자(세후)	원금+이자	연간 지출액	잔고
1년 차	2,000,000,000		50,760,000	2,050,760,000	100,000,000	1,950,760,000
2년 차	1,950,760,000		49,510,289	2,000,270,289	100,000,000	1,900,270,289
3년 차	1,900,270,289		48,228,860	1,948,499,149	100,000,000	1,848,499,149
4년 차	1,848,499,149		46,914,908	1,895,414,057	100,000,000	1,795,414,057
5년 차	1,795,414,057		45,567,609	1,840,981,666	100,000,000	1,740,981,666
6년 차	1,740,981,666		44,186,115	1,785,167,781	100,000,000	1,685,167,781
7년 차	1,685,167,781		42,769,558	1,727,937,339	100,000,000	1,627,937,339
8년 차	1,627,937,339	3%	41,317,050	1,669,254,389	100,000,000	1,569,254,389
9년 차	1,569,254,389		39,827,676	1,609,082,065	100,000,000	1,509,082,065
10년 차	1,509,082,065		38,300,503	1,547,382,568	100,000,000	1,447,382,568
11년 차	1,447,382,568		36,734,570	1,484,117,137	100,000,000	1,384,117,137
12년 차	1,384,117,137		35,128,893	1,419,246,030	100,000,000	1,319,246,030
13년 차	1,319,246,030		33,482,464	1,352,728,494	100,000,000	1,252,728,494
14년 차	1,252,728,494		31,794,249	1,284,522,744	100,000,000	1,184,522,744
15년 차	1,184,522,744		30,063,187	1,214,585,931	100,000,000	1,114,585,931
16년 차	1,114,585,931		37,717,588	1,152,303,519	100,000,000	1,052,303,519
17년 차	1,052,303,519		35,609,951	1,087,913,470	100,000,000	987,913,470
18년 차	987,913,470		33,430,992	1,021,344,462	100,000,000	921,344,462
19년 차	921,344,462		31,178,297	952,522,758	100,000,000	852,522,758
20년 차	852,522,758	4%	28,849,370	881,372,128	100,000,000	781,372,128
21년 차	781,372,128		26,441,633	807,813,761	100,000,000	707,813,761
22년 차	707,813,761		23,952,418	731,766,179	100,000,000	631,766,179
23년 차	631,766,179		21,378,967	653,145,146	100,000,000	553,145,146
24년 차	553,145,146		18,718,432	571,863,578	100,000,000	471,863,578

연차	원금	이자율	이자(세후)	원금+이자	연간 지출액	잔고
25년 차	471,863,578		15,967,863	487,831,442	100,000,000	387,831,442
26년 차	387,831,442		13,124,216	400,955,658	100,000,000	300,955,658
27년 차	300,955,658	4%	10,184,339	311,139,997	100,000,000	211,139,997
28년 차	211,139,997		7,144,978	218,284,975	100,000,000	118,284,975
29년 차	118,284,975		4,002,764	122,287,738	100,000,000	22,287,738
30년 차	22,287,738		754,217	23,041,955	100,000,000	−76,958,045

다만 이 표를 통해서 보여주고자 하는 것은 현금 20억 원이라는 돈의 크기이다. 요즘은 강남 아파트 1채 사기도 힘들 정도의 자금이지만, 노후를 대비하기에는 부족한 금액이 아니다. 매년 1억 원씩 30년을 쓸 수 있고, 연간 6,000만 원씩 74년을 쓸 수 있다. 1년에 5,000만 원씩만 소비한다면 150년을 쓰고도 32억 원이 남는 큰돈이다.

그런데 더 중요한 것은 첫 번째 아파트를 매각한 자금을 30년 동안 모두 사용한다고 해도 아직 두 번째 아파트와 세 번째 아파트가 남아 있다는 것이다. 지금부터 40년이 지난 시점에서 이 아파트들의 시세가 어떠할 것인지 상상하기는 쉽지 않다. 1971년에 분양한 반포주공 32평형의 분양가가 500만 원이었고, 1975년의 압구정 1차 현대 아파트는 평당 28만 원이었다는 것을 생각해볼 때 어렴풋이 짐작만 할 뿐이다.

게다가 이렇게 시간이 흐르는 사이에 나머지 두 개의 아파트는 어떤 형태든 주거환경에 대한 개발이 진행될 것으로 전망된다. 여기에서 또다시 높은 부가가치가 발생할 것이고, 노후자금을 더욱 크게 키워줄 것으로 기대된다.

큰 틀에서 이와 같은 마스터플랜을 세우고 시간이 흐르면서 외부적인 변수가 발생한다고 해도 그 방향성만을 잃지 않는다면, 그 결과 또한 예상치를 크게 벗어나지는 않을 것이다.

25

최악을 대비하자
- 양도세 -

문제는 양도세였다. 시세차익이 아무리 커도 매도해서 양도세까지 낸 후 내 손에 들어오는 금액이 중요하기 때문이다. 강북과 수도권 아파트의 경우 양도차액도 크지 않았고, 2009년 양도소득세 특례 규정을 바탕으로 일반세율을 적용받았기 때문에 양도세의 무서움을 체감하지 못했다.

하지만 강남 아파트는 달랐다. 시세차익이 커질수록 예상되는 양도세도 크게 올랐다. 게다가 보유한 아파트들은 모두 중과세율을 적용받는 상황에 놓이게 되었다. 은퇴와 노후준비를 위한 계획을 세우는 과정에서 양도세에 대한 고민을 하지 않을 수 없었다.

그러던 중 2018년에 임대사업자 등록을 장려하는 사회적 분위기가 만들어졌다. 각종 세제 혜택을 제공받는 대신에 까다로운 규정을 지키며 임차인에게 장기간 안정적인 임대 물건을 제공하라는 취지였다.

조세특례제한법 제97조의3(장기일반민간임대주택등에 대한 양도소득세의 과세특례)

① 대통령령으로 정하는 거주자가 2022년 12월 31일까지 「민간임대주택에 관한 특별법」 제2조제4호에 따른 공공지원민간임대주택 또는 같은 법 제2조제5호에 따른 장기일반민간임대주택을 등록하여 다음 각 호의 요건을 모두 충족하는 경우 그 주택(이하 이 조에서 "장기일반민간임대주택등"이라 한다)을 양도함으로써 발생하는 소득에 대해서는 「소득세법」 제95조제1항에 따른 장기보유 특별공제액을 계산할 때 같은 조 제2항에도 불구하고 100분의 50의 공제율을 적용한다. 다만, 장기일반민간임대주택등을 10년 이상 계속하여 임대한 후 양도하는 경우에는 **100분의 70의 공제율을 적용한다.** 〈개정 2014. 12. 23, 2015. 8. 28, 2015. 12. 15, 2018. 1. 16, 2019. 12. 31〉

1. 8년 이상 계속하여 임대한 후 양도하는 경우

2. 대통령령으로 정하는 임대보증금 또는 임대료 증액 제한 요건 등을 준수하는 경우

② 제1항에 따른 과세특례는 제97조의4에 따른 장기임대주택에 대한 양도소득세의 과세특례와 중복하여 적용하지 아니한다. 〈신설 2018. 12. 24〉

③ 제1항에 따라 과세특례를 적용받으려는 자는 대통령령으로 정하는 바에 따라 주택임대에 관한 사항을 신고하고 과세특례 적용의 신청을 하여야 한다. 〈개정 2018. 12. 24〉

④ 제1항에 따른 임대주택에 대한 임대기간의 계산과 그 밖에 필요한 사항은 대통령령으로 정한다. 〈개정 2018. 12. 24〉

[본조신설 2014. 1. 1]

[제목개정 2018. 1. 16]

조세특례제한법 제97조의5(장기일반민간임대주택등에 대한 양도소득세 감면)

① 거주자가 다음 각 호의 요건을 모두 갖춘 「민간임대주택에 관한 특별법」 제2조제4호에 따른 공공지원민간임대주택 또는 같은 법 제2조제5호에 따른 장기일반민간임대주택(이하 이 조에서 "장기일반민간임대주택등"이라 한다)을 양도하는 경우에는 대통령령으로 정하는 바에 따라 임대기간 중 발생한 양도소득에 대한 **양도소득세의 100분의 100에 상당하는 세액을 감면한다.** 〈개정 2015. 8. 28, 2015. 12. 15, 2017. 12. 19, 2018. 1. 16〉

1. 2018년 12월 31일까지 「민간임대주택에 관한 특별법」 제2조제3호의 민간매입임대주택 및 「공공주택 특별법」 제2조제1호의3에 따른 공공매입임대주택을 취득(2018년 12월 31일까지 매매계약을 체결하고 계약금을 납부한 경우를 포함한다)하고, 취득일로부터 3개월 이내에 「민간임대주택에 관한 특별법」에 따라 장기일반민간임대주택등으로 등록할 것

2. 장기일반민간임대주택등으로 등록 후 10년 이상 계속하여 장기일반민간임대주택등으로 임대한 후 양도할 것

3. 임대기간 중 제97조의3제1항제2호의 요건을 준수할 것

② 제1항에 따른 세액감면은 제97조의3의 장기일반민간임대주택등에 대한 양도소득세의 과세특례 및 제97조의4의 장기임대주택에 대한 양도소득세의 과세특례와 중복하여 적용하지 아니한다. 〈개정 2015. 12. 15, 2018. 1. 16〉

③ 제1항에 따라 세액감면을 적용받으려는 자는 대통령령으로 정하는 바에 따라 주택임대에 관한 사항을 신고하고 과세특례 적용의 신청을 하여야 한다.

④ 제1항에 따른 임대주택에 대한 임대기간의 계산과 그 밖에 필요한 사항은 대통령령으로 정한다.

[본조신설 2014. 12. 23]

[제목개정 2018. 1. 16]

장기일반민간임대주택으로 등록하고 관련 규정을 준수하며 10년을 임대할 경우, 70%의 장기보유특별공제가 적용된다고 했다. 또한 취득한 지 3개월 이내 장기일반민간임대주택으로 등록한다면 10년을 임대할 경우 양도세가 100% 감면되고, 감면된 양도세의 20%에 해당하는 농어촌특별세만 납부하면 된다고 했다. 바로 조세특례제한법 제97조의3, 제97조의5에 명시되어 있는 바와 같다.

임대사업자로서의 의무를 성실하게 이행하고 10년 후에 아파트를

매도하면 양도세 감면을 받게 된다. 바로 이 시점은 노후준비를 위해 아파트 1채의 매도를 고려해야 하는 시기와 맞물리게 된다. 양도세 문제를 해결할 수 있는 최고의 기회였다. 임대사업자 등록을 하지 않을 이유가 없었다.

2018년 7월에 수서까치마을 아파트를 장기일반민간임대주택으로 등록했다. 여기는 70%의 장기보유특별공제 적용을 기대할 수 있다. 이를 위해서 10년간 임대료 인상 없이 저렴한 전세 물건을 제공할 계획이었다. 500만 원이나 1,000만 원을 더 받으려고 중개 수수료까지 지불하며 새로운 세입자를 구하는 것보다 나은 선택이라고 생각했다. 실제로 2020년 9월 만기였던 현 세입자와는 1원의 보증금도 인상하지 않고 기존과 동일한 조건으로 계약을 연장했다. 이미 시세보다 1억 5,000만 원 낮은 조건이다.

수서까치마을 아파트를 등록한 지 5개월 후 래미안개포루체하임 아파트도 장기일반민간임대주택으로 등록했다. 여기는 '조세특례제한법 제97조의5'에 의거해서 10년 임대 시 양도세 100% 감면을 기대할 수 있었다. 취득일로부터 3개월 이내에 등록했기 때문이다. 물론 감면된 양도세의 20%에 해당하는 농어촌특별세는 별도로 납부해야 한다.

루체하임 아파트는 최소 10년, 수서까치마을 아파트는 최소 30년 이상 보유할 계획이었다. 때문에 미리 양도세를 계산하거나 대비하는 것이 큰 의미는 없었다. 세법이나 관계법령은 언제든 바뀔 수 있기 때문이다. 다만 현재의 제도와 틀 안에서 최대한의 준비와 대비를 해놓을 뿐이었다.

그렇게 완벽한 강남 아파트 출구 전략을 세우고 2019년 7월에 은퇴했다.

■ 6·17 부동산대책 중 대출, 실수요자, 임대법인 해당 내용

대출	전세대출 받은 후 투기지역, 투기과열지구 내 시가 3억 원 초과 아파트를 구입하는 경우 전세대출 즉시 회수
	주택도시보증공사의 1주택자 대상 전세대출보증한도 2억 원으로 인하
	수도권 투기과열지구 재건축 조합원은 2년 이상 거주해야 분양 신청 허용
실수요자	토지거래허가구역 지정(삼성동, 대치동, 청담동, 잠실동)
	무주택자, 모든 규제지역 내 주택 구입 위해 주택담보대출 받는 경우 6개월 내 전입 의무
	1주택자, 모든 규제지역 내 주택 구입 위해 주택담보대출 받는 경우 6개월 내 기존주택 처분 및 신규주택 전입 의무
법인	모든 지역 주택매매·임대사업자 주택담보대출 금지
	법인 보유 주택의 종합부동산세 과세표준 기본공제(6억 원) 폐지
	법인 보유 주택에 대해 개인 일반세율보다 높은 종합부동산세율 적용
	법인이 주택 양도 시 추가세율을 20%로 인상
	법인이 조정대상지역의 새로 임대 등록하는 경우 종합부동산세 합산 과세

1년이 지났다. 2020년 6월에 6·17 부동산대책이 나왔다. 특히 임대법인에 대한 규제가 강화됐다. 법인 보유 주택에 대해서 종합부동산세 과세표준 기본공제를 폐지하고, 법인이 주택을 양도할 경우 내는 추가세율을 20%로 인상했다. 개인 임대사업자에 대한 규제도 조만간 닥쳐올 것을 예상할 수 있었다.

그리고 얼마 후에 7·10 대책이 발표되었다. 주택임대사업자에 대해 법으로 보장한 혜택 대부분이 폐지됐다. 특히 장기보유특별공제 혜택이 사라졌다. 임대의무기간인 8년이 도래하면 임대사업자 등록이 자동으로 말소된다. 양도세 감면을 받기 위해서는 10년을 임대해야 하지만 8년째 되는 시점에서 임대사업자 지위가 박탈되는 것이다. 2년을 더 채울 방법이 사라지게 된 것이다.

■ 7·10 부동산대책 중 세금, 임대사업자 해당 내용

세금	종합부동산세율 인상(일반 0.6~3.0%, 3주택 이상 및 조정대상지역 2주택 1.2~6.0%)
	2년미만 단기 보유 주택의 양도소득세율 인상(1년 미만 70%, 2년 미만 60%)
	규제지역 다주택자 양도소득세율, 기본세율(6~42%)+20%p(2주택) 또는 30%p(3주택)
임대 사업자	다주택자, 법인에 대한 취득세를 2주택 8%, 3주택 이상, 법인 12%로 인상
	부동산 매매·임대업 법인은 현물출자에 따른 취득세 감면 혜택 배제
	단기임대 및 아파트 장기일반 매입임대 폐지 및 임대의무기간 경과 즉시 자동 등록 말소

완벽한 강남 아파트 출구 전략을 만들었다고 생각했지만, 불과 1년 만에 전혀 예기치 못한 문제에 직면하고 말았다. 계획을 수정해야 했다.

'Hope for the Best, Plan for the Worst!'

강남 아파트 출구 전략의 원칙은 '긍정을 희망하되 최악의 상황을 대비하는 것'이다.

플랜 B는 조세특례제한법 제97조의3에 따라서 8년 임대 후 장기보유특별공제 50%만 받는 것이다. 7·10 대책으로 인해 임대의무기간 8년이 끝나면 즉시 임대 등록이 말소되기 때문이다. 시뮬레이션을 해보니 양도세 3억 원가량을 더 내야 했다. 부담이 늘어난 양도세는 더 높은 매도가를 통해서 상쇄해야 할 것이다. 하지만 좋은 점도 있다. 2년이라는 시간을 벌었다. 10년을 임대할 계획이었지만 2년이 짧아졌기 때문이다. 처음 계획보다 2년 더 빨리 잠실에 다시 정착할 수 있게 되었고, 2년 더 빠르게 노후준비 계획을 실행할 수 있게 되었다.

플랜 C는 장기보유특별공제 50% 혜택마저 사라질 경우에 해당된다. 현재 종합부동산세도 합산되고, 주택 수에도 포함되며, 재산세 감면도 사라지는 등 아무런 혜택이 없는 상태인데, 장기보유특별공제 혜택마저 사라지면 임대사업자를 계속할 이유가 없다. 임대사업자 등록을 말소한 후, 시세대로 전세를 놓아 그동안 올리지 못한 보증금을 회수할 계획이다. 수억 원에 이를 이 자금은 다른 아파트를 월세로 전환하는 데 활용하거나 생활 자금으로 사용될 것이다. 그러면서 상황이 바뀔 때까지 기다리는 것이다. 지난 10년 사이만 해도 양도세율과 중과세율에는 큰 변화가 있었다. 최근에는 12·16 대책을 통해서 다주택자가 조정대상지역 내 10년 이상 보유한 주택을 2019년 12월 17일부터 2020년 6월 30일까지 양도할 경우 양도세 중과 배제는 물론 장기보유특별공제를 적용해주었다.

비가 오는 도로를 운전하다 보면 갑자기 차가 좌우로 크게 흔들리는 경우가 있는데, 피시테일(fishtail) 현상이라고 한다. 차량의 뒷바퀴가 일시적으로 접지력을 상실하여 차량이 좌우로 요동치는 상태가 되는 것이다. 좌우로 크게 흔들리는 순간, 운전자가 임의로 핸들을 흔들면 오히려 큰 사고로 이어지게 된다. 그럴 때에는 아무리 차가 흔들려도 중심을 잡고 운전대를 고정하고 있으면 위험에서 벗어날 수 있다.

갑작스러운 외부 환경의 변화로 인해 투자 환경 자체가 크게 흔들리는 상황은 언제든 발생할 수 있다. 그럴 때에는 스스로의 중심을 잡고 치밀하게 준비한 계획을 묵묵히 실행해나가야 한다.

26

전세가격이 오르니
월세가 생겼다
- 보유세 -

조기 은퇴를 결정하고 실행하는 과정에서 보유세에 대한 준비가 빠질 수는 없었다. 보유세를 납부하기 위해서는 현금이 필요한데, 은퇴를 하면 현금흐름이 사라지기 때문이다. 보유세에는 재산세와 종합부동산세가 있다. 재산세는 매년 7월과 9월에 부과되고, 매년 11월에는 종합부동산세도 고지된다.

기본적인 조기 은퇴 전략은 이것이었다. 미리 준비해둔 예금과 2년마다 회수하는 5%의 보증금을 통해서 보유세, 생활비 등을 충당하는 것이다. 이후 임대의무기간이 종료되는 시점에서 아파트 1채를 매도한다. 이 자금으로 나머지 아파트를 월세로 전환하는 동시에 연간 1억 원씩 사용하는 계획이다. 이때부터는 종합부동산세, 재산세 부담이 크게 낮아진다. 시세가 가장 높은 아파트를 매도하기 때문이다.

■ 보유세 대비 전략

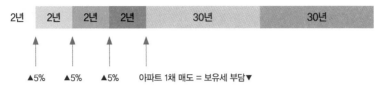

| 2년 | 2년 | 2년 | 2년 | 30년 | 30년 |

▲5%　　▲5%　　▲5%　　아파트 1채 매도 = 보유세 부담▼

　그런데 다른 변수가 등장했다. 전세가격이 예상보다 더 빠르게 더 많이 오른 것이다. 개정된 주택임대차보호법 시행으로 거래 가능한 전세 물량 감소 현상이 가속화됐다. 이제는 주택담보대출을 받은 경우 6개월 이내 신규주택에 입주해야 한다. 여기에 3기 신도시 사전청약을 위한 해당 지역 거주 수요까지 더해진 것이다. 머릿속으로 계산이 빠르게 돌아가고 있었다. 여기에 또 다른 기회가 있을 것 같다는 직감이 들었다.

　전세 폭등 뉴스가 진짜인지 알아봐야 했다. 우선 지난 겨울에 전세를 놓은 루체하임 아파트 시세를 확인했다.

　"사장님, 요즘 거래 좀 어떻습니까? 요새 루체하임 아파트가 뉴스에 좀 나오던데요?"
　"아이고, 물건이 없어서 힘들어요. 매매는 물건이 없고, 전세는 크게 올랐어요."
　"전세 시세는 어떻게 되는데요?"

"26평이시잖아요. 이제는 13억 원에도 가능해요. 지금 12억 5,000만 원 물건도 금방 나갈 겁니다."

"저희 세입자가 들어온 지 1년도 안 됐는데, 벌써 13억 원이라고요?"

"아마 내년 만기 때가 되면 현재 보증금하고 6억 원은 차이가 날 겁니다."

"보통 1억 원에 월세 30만 원 받으니까 보증금은 그대로 두고도 월세로 180만 원이 들어오겠네요."

지난 부동산 투자 13년 동안 이런 전세 폭등을 경험하기는 처음이다. 불과 11개월이 지났는데 전세 시세는 수억 원이 올랐다. 전세 6억 원이 오르면 월세로 180만 원, 연간 2,160만 원의 수입이 하루아침에 생기는 것이다. 하지만 이건 나와 아무런 상관이 없다. 임대사업자는 5% 이상으로 보증금을 올릴 수 없기 때문이다.

아쉬움을 뒤로하고 잠실파크리오 아파트 현장 시세도 알아봤다.

"여기도 물건이 없어요. 파크리오 6,864세대 중에서 26평만 1,000세대가 넘는데 지금 전세로 나온 게 2개밖에 없어요. 그마저도 저층이라서 1단지 고층 물건 찾는 사람들은 줄을 서서 대기 중이고요."

"지금 전세 물건 나오면 얼마에 가능할까요?"

"이미 9억 원대 초중반에 거래가 많이 됐으니, 이제 10억 원에 나올 거예요. 그나저나 매도는 생각 없으세요?"

파크리오 반전세 세입자가 들어온 지 1년도 안 됐는데, 여기도 수억 원이 올랐다. 내년 만기가 돌아올 때에는 5억 원까지도 차이가 날 것 같다.

투자자와 임대인 입장에서 이렇게 임대 시세가 상승한다는 것은 유리한 점이 많다. 월세로 매달 현금흐름을 더욱 풍성하게 만들 수 있으며, 목돈의 보증금 인상분으로 부가가치를 만들어낼 수도 있기 때문이다. 일반적으로 전세를 월세로 전환하기 위해서는 그만큼 보증금을 돌려줘야 하기 때문에 목돈이 필요하다. 예를 들어, 전세가 6억 원인 아파트를 생각해보자. 새로운 임차인과 계약할 때 보증금을 1억 원으로 낮추고 월세를 받기 위해서는 기존 세입자에게 돌려줄 5억 원이 필요하다. 하지만 임대 시세가 상승하면 상황이 달라진다. 전세가 6억 원에서 10억 원으로 오르면 보증금 6억 원을 그대로 유지하고도 전세 시세 차익 4억 원에 해당하는 월세가 발생하기 때문이다. 월세 전환을 위한 목돈이 필요 없게 되는 것이다. 월세가 아닌 전세로 계약할 경우 4억 원의 목돈을 활용할 수 있는 또 다른 기회도 생기게 된다.

아파트 임대 시세 상승을 활용하면 앞으로의 보유세를 위한 준비를 해놓을 수 있을 것이다. 다가오는 아파트 계약 만기를 기준으로 임대사업자 종료까지는 5년이 남았다. 이 기간 동안 보유세를 위해 필요한 자금을 계산해봤다.

■ 5년간 필요한 보유세 예상 금액

항목	금액	비고
종합부동산세	1억 5,000만 원	연간 3,000만 원×5년
재산세	4,000만 원	연간 800만 원×5년
재산세	1,000만 원	임대소득세, 수리비 등
합계	2억 원	

5년간의 종합부동산세 납부를 위해 1억 5,000만 원이 필요할 것으로 보인다. 참고로 2019년에는 종합부동산세로 약 150만 원을 납부했다. 하지만 공시가격도 시세의 90%로 점차 현실화되고, 공정시장가액비율도 2021년 95%, 2022년은 100%로 인상될 것이기 때문에 목돈을 준비해놓아야 한다. 현재로서는 연평균 3,000만 원으로 예상했지만, 경우에 따라서는 더 필요할 수도 있을 것이다. 만약 그럴 경우 준비해놓은 예비 자금을 이용하면 된다.

재산세의 경우 연간 800만 원씩 5년간 4,000만 원이 필요할 것으로 예상했다. 2020년 재산세로 약 160만 원을 납부했다. 하지만 임대사업자 재산세 감면 혜택은 2021년으로 종료된다. 재산세 산정 기준인 공시가격 또한 상승할 것이기 때문에 2022년부터는 2019년보다 4배 이상은 더 나올 것으로 예상된다. 그래서 연간 약 800만 원씩 총 4,000만 원을 준비해야 할 것으로 계산했다.

결국 현금 2억 원만 준비해놓는다면, 임대의무기간이 종료된 아파트 1채를 매도하는 시점까지 보유세에 대한 걱정은 하지 않아도 된다. 그런데 최근 전세 폭등 현상으로 인해서 바로 이 보유세를 위한 현금을 준비할 수 있게 된 것이다.

개정된 임대차보호법의 시행으로 현 세입자의 계약 연장 여부에 따라 두 가지 경우가 예상된다. 첫 번째는 새로운 전세 계약을 맺게 될 경우이다. 현재 전세 만기 때 잠실 아파트 시세를 12억 원으로 가정하면, 지금과 약 5억 원의 차이가 생긴다. 이 5억 원을 보증금 1억 원과 월세 120만 원으로 적용한다면, 보유세를 위한 예비 자금 1억 원이 준비된다. 게다가 월세도 현재보다 120만 원씩 더 받게 된다. 두 번째는 계약갱신청구권을 통해 현 세입자와의 계약을 연장하는 것이다. 이때는 5% 이내의 보증금 인상을 통해 약 4,000만 원을 만들 수 있다.

한편 개포 아파트에서는 신규 계약이든 재계약이든 상관없이 약 4,000만 원만 추가된다. 임대 시세가 아무리 올라도 5% 이내의 인상률을 준수해야 하기 때문이다.

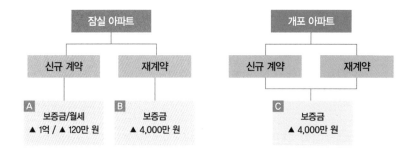

[A] 계약과 [C] 계약을 통해서 1억 4,000만 원의 자금을 한 번에 준비한다면 4년간의 보유세 대비가 완료된다. [B] 계약과 [C] 계약을 할 경우 8,000만 원이 마련된다. 3년간의 보유세가 준비되는 것이다. 그로부터 2년 후 새로운 임대차 계약을 통해 나머지 보유세 예비 자금 준비가 완성된다. 물론 그 시점의 임대 시세는 더 높을 것으로 예상되기 때문에 월세 흐름은 더욱 좋아질 것을 기대할 수 있다.

직장 연봉이 1억 원일 경우 연간 원천징수되는 세금만 약 2,200만 원에 달한다. 세금 2,200만 원 내는 것이 아까워서 연봉 1억 원 계약서를 찢어버리는 월급쟁이는 없을 것이다. 역발상이 필요하다. 보유세 2,000만 원을 내고, 시세 1억 원이 오르는 아파트로 말이다. 강남 아파트는 연봉 1억 원짜리 근로계약서와는 비교할 수 없는 가치와 수익, 미래에 대한 가능성을 가져다준다.

숲 속에서 거대한 뿔을 지닌 사슴이 갑자기 나타났다. 겁먹은 등산

객에게는 사슴의 위협적인 뿔만 보인다. 하지만 노련한 사냥꾼에게는 과녁을 조준할 커다란 몸통이 보인다. 현명한 투자자라면 높은 보유세에 겁을 먹고 투자를 포기하는 것이 아니라, 세금을 내고도 만족스러운 수익을 낼 수 있는 투자처가 어디인지 찾아야 한다.

27

강남 건물,
투자의 시야를 넓혀주다

부동산 투자자라면 누구나 한 번쯤 꿈꿔봤을 직업이 있다. 바로 건물주다. 나에게도 소유한 건물 맞은편 카페에서 내 건물을 바라보며 매일 에스프레소 한 잔을 마시며 경제 신문을 읽는 꿈이 있었다.

모든 아파트를 정리하고 건물로 갈아타야 하는 타이밍이 됐다고 생각했다. 아파트에서 예상보다 많은 시세 차익이 발생했으며, 또 그만큼 세금 부담도 커졌지만, 현금흐름은 거의 없었기 때문이다. 매달 고정적인 수입이 발생되면 은퇴를 더욱 빠르고 안전하게 할 수 있겠다는 기대감도 있었다. 가까운 지인이 건물로 두 번의 큰 성공을 거둔 것을 지켜본 것도 결정적인 계기가 됐다.

그래서 2018년 봄부터 본격적으로 건물을 알아보기 시작했다. 향후 50년간 강남의 중심은 삼성, 잠실, 수서라는 확신이 있었기 때문에 삼성동, 대치동부터 시작했다. 이후 청담동, 잠실동, 신사동, 역삼동, 양재동으로 넓혀 나갔다.

시세의 80%까지 가능한 대출금 덕분에 건물 매수에 대한 자신감은 하늘을 찔렀다. 예를 들어, 50억 원짜리 건물의 경우 40억 원까지는 대출이 가능했다. 금리 3%, 5년 만기, 이자만 내는 조건이었다. 만기가 되면 다시 5년 대출 상품으로 갈아타면 된다. 알아본 건물 대부분은 대출 이자를 내고도 매달 수익이 남는 구조를 가지고 있었다.

건물은 아파트 투자와는 또 다른 세계였다. 말 그대로 돈으로 돈을 버는 시스템이었다.

그동안 약 70개의 건물을 검토했는데, 이제 그 중에서 몇 가지 건물을 소개하고자 한다. 각 건물의 입지와 매도 정보를 살펴보면서 꿈에 불과했던 강남 건물에 대해서 구체적인 도전 계획을 세워볼 수 있기를 바란다. 단, 건물에 대한 정보는 2018년 상반기 기준이라는 점을 감안해야 한다.

최고의 입지 삼성동 건물

영동대로, GBC 개발의 수혜를 받을 수 있는 최상의 입지였다. 코엑스 건물 바로 앞에 위치한 뛰어난 입지와 활성화된 상권 그리고 20억 원대 가격이 매력적이었다. 투자 수익률은 낮지만, 꾸준한 지가 상승 가능성이 높아서 장기 보유 및 신축도 함께 고려했다. 3억 원대 공사비를 들여 신축할 경우, 월세 950만 원까지 나올 수 있는 놓치기 아까운 건물이었다.

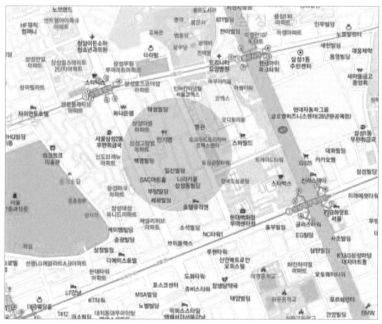

지도: 카카오맵

건물 정보				
건물 정보	준공연도	1998년	공시지가(㎡)	874만 원
	용도지역	제2종일반주거지역	토지가격	7억 8,567만 원
	규모	지상 3층	건폐율	59.38%
	대지	90㎡	용적율	144.99%
	연면적	130㎡	주차대수	0대

가격 정보				
가격 정보	매매가	28억 원	월임대료	400만 원
	보증금	3억 1,000만 원	수익률	1.92%
	투자금	24억 9,000만 원	평당가	1억 273만 원

작지만 알찬 대치동 건물

영동대로 개발로 인한 지가 상승 기대, 매력적인 가격이 인상적이었다. 은마, 우성, 쌍용 아파트로 인해서 안정적인 상권과 학원가 수요가 형성되어 있었다. 메인 도로에서 한 블록 들어간 곳이기 때문에 병원이나 학원같이 고객들이 이미 건물의 위치를 알고 있는 업종에는 유리할 것이다. 하지만 많은 사람에게 노출되어야 하는 업종에는 적합해 보이지 않았다.

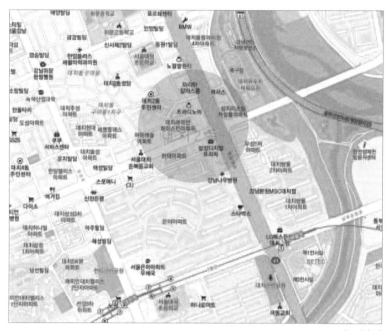

건물 정보	준공연도	1984년	공시지가(㎡)	777만 원
	용도지역	제3종일반주거지역	토지가격	13억 6,350만 원
	규모	지하 1층~지상 3층	건폐율	59.93%
	대지	175㎡	용적율	159.80%
	연면적	376㎡	주차대수	1대

가격 정보	매매가	37억 원	월임대료	820만 원
	보증금	9,000만 원	수익률	2.73%
	투자금	36억 1,000만 원	평당가	6,958만 원

야경이 아름다운 청담동 건물

오래된 주택을 현대적 감성에 맞게 리모델링한 멋진 청담동 건물에서는 공실 없이 안정적인 월세가 나오고 있었다. 한강변 고급 주거단지라는 희소성 때문에 투자 가치를 높게 봤다. 최근 몇 년 사이에 이 지역 전체가 번화한 거리로 변신했고, 여전히 신축 공사가 진행 중인 곳도 많았다. 청담동에 어울리는 고급 레스토랑과 의류 매장이 입점한 상태로 높은 월세 시세가 매력적이었다. 하지만 메인 도로에서 쉽게 보이지 않는 건물 위치가 다소 아쉬웠다.

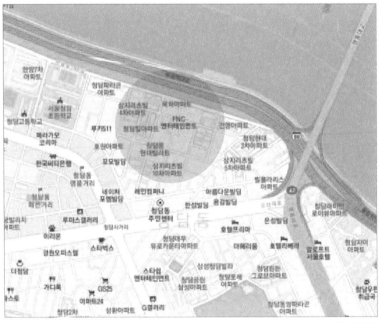

지도: 카카오맵

건물 정보	준공연도	1977년	공시지가(㎡)	636만 원
	용도지역	제2종일반주거지역	토지가격	10억 5,449만 원
	규모	지하 1층~지상 4층	건폐율	59.67%
	대지	166㎡	용적율	169.73%
	연면적	301㎡	주차대수	2대

가격 정보	매매가	40억 원	월임대료	1,000만 원
	보증금	1억 2,000만 원	수익률	3.1%
	투자금	38억 8,000만 원	평당가	7,975만 원

프랑스풍 카페가 있는 반포동 건물

카페와 레스토랑이 입점한 서래마을 카페거리의 건물이다. 서래마을과 반포 아파트라는 두터운 배후 수요를 가진 입지였고, 실제로 손님이 끊이지 않는 모습을 확인할 수 있었다. 지층에는 카페가 있었는데, 1층처럼 리모델링이 되어 있기 때문에 높은 월세가 가능한 것이 특징이었다. 메인 도로에서 두 블록 들어가 있어서 주변 시세 대비 평당 가격이 상대적으로 저렴했다. 하지만 공실 상태였던 3층이 아쉬웠다.

지도: 카카오맵

건물 정보	준공연도	1993년	공시지가(㎡)	605만 원
	용도지역	제3종일반주거지역	토지가격	11억 4,345만 원
	규모	지하 1층~지상 3층	건폐율	58.96%
	대지	189㎡	용적율	153.64%
	연면적	391㎡	주차대수	2대

가격 정보	매매가	38억	월임대료	1,350만 원
	보증금	1억 2,000만 원	수익률	4.4%
	투자금	36억 8,000만 원	평당가	6,650만 원

월세만 2,000만 원, 대치동 학원건물

7층 규모의 웅장한 신축 건물이었다. 각 층에는 소규모 학원들로 꽉 채워졌다. 대치동 학원가의 인기가 지속되는 한 공실에 대한 걱정은 없어 보였다. 총 투자금 63억 원 가운데 33억 원을 대출로 마련한다면, 매달 825만 원의 이자가 발생된다. 월세 수입은 2,000만 원이었기 때문에 계산상으로는 매월 1,175만 원이 남는 구조였다. 하지만 골목 끝에 위치해서 이면도로에서도 눈에 잘 들어오지 않는 다소 아쉬운 위치였다. 만약 학원들이 빠져나가면 어떤 업종을 유치할 수 있는가에 대한 고민이 계속 남았던 건물이었다.

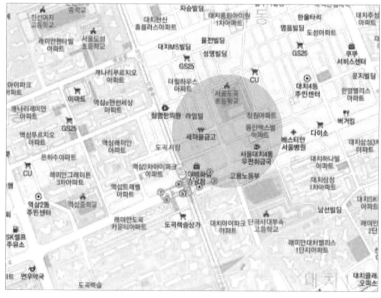

지도: 카카오맵

건물 정보	준공연도	2015년	공시지가(㎡)	677만 원
	용도지역	준주거지역	토지가격	12억 700만 원
	규모	지하 1층~지상 7층	건폐율	59%
	대지	178㎡	용적율	359.61%
	연면적	762㎡	주차대수	4대

가격 정보	매매가	65억 원	월임대료	2,000만 원
	보증금	2억 원	수익률	3.8%
	투자금	63억 원	평당가	1억 2,000만 원

상권에 대한 이해가 필요했던 신사동 건물

신분당선과 위례신사선의 개통으로 인한 지가 상승이 기대되는 6층 건물이었다. 3호선 신사역이 도보 3분 거리에 있었고, 원룸과 상가가 함께 있는 건물이어서 공실에 대한 리스크를 줄일 수 있는 특징이 있었다. 건물 위치가 가로수길 메인도 아니고, 그렇다고 주택가도 아니어서 지하철 개통만 바라보고 투자하기에는 무리라고 생각되었다. 경리단길, 가로수길 등 빠르게 이동하는 상권에 대한 공부가 부족함을 느끼게 되었다.

지도: 카카오맵

건물 정보	준공연도	2012년	공시지가(㎡)	664만 원
	용도지역	제2종일반주거지역	토지가격	15억 3,700만 원
	규모	지상 6층	건폐율	53.30%
	대지	231㎡	용적율	198.90%
	연면적	461㎡	주차대수	4대

가격 정보	매매가	57억 원	월임대료	1,500만 원
	보증금	2억 1,500만 원	수익률	3.28%
	투자금	54억 8,500만 원	평당가	8,128만 원

선입견 때문에 놓쳐버린 잠실 건물

잠실새내역 부근 먹자골목 한가운데 위치한 엘리베이터까지 갖춘 수익형 건물이었다. 공실 없이 근린생활시설로 꽉 찬 건물로서, 종합운동장 리모델링과 제2코엑스 건설로 인한 수혜를 입을 수 있는 위치에 있었다. 다만 카페나 병원 등의 업종이 입점한 건물에 대한 개인적인 로망 때문에 최종 결정을 내리지 못했다. 입점한 업종에 대한 편견과 선입견을 버려야 함을 알게 되었다.

지도: 카카오맵

건물 정보	준공연도	2005년	공시지가(㎡)	673만 원
	용도지역	제3종일반주거지역	토지가격	13억 8,950만 원
	규모	지하 1층~지상 5층	건폐율	49.98%
	대지	206㎡	용적율	203.63%
	연면적	593㎡	주차대수	4대

가격 정보	매매가	36억 원	월임대료	1,000만 원
	보증금	1억 2,300만 원	수익률	3.5%
	투자금	34억 7,700만 원	평당가	5,755만 원

가능성이 풍부한 양재동 건물

양재동 카페거리 주변은 저렴한 임대료로 인해 경리단길과 가로수길의 대체 상권이 될 것으로 예상했던 곳이다. 양재 R&CD 개발까지 바라보고 장기 투자를 계획했던 곳이다. 하지만 평일과 주말에 시간대를 바꿔가며 여러 차례 방문했지만, 기대만큼 유동인구가 많지 않았다. 카페거리 상권이 자리를 잡기까지는 조금 더 시간이 필요할 것으로 보여서, 이곳에 대한 투자는 다음으로 미루기로 했다.

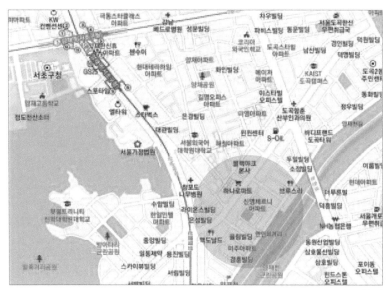

지도: 카카오맵

건물 정보	준공연도	1991년	공시지가(㎡)	530만 원
	용도지역	제2종일반주거지역	토지가격	14억 원
	규모	지하 1층~지상 5층	건폐율	189.7%
	대지	264㎡	용적율	49.02%
	연면적	683㎡	주차대수	4대

가격 정보	매매가	45억 원	월임대료	1,300만 원
	보증금	1억 원	수익률	3.55%
	투자금	44억 원	평당가	5,625만 원

28

임대법인 설립은
신중하자
- 종합부동산세 -

'강남 20억 아파트 2채 집주인… 보유세 최대 3,000만 원 더 낸다'
'아리팍+마래푸 가진 2주택자, 올해 보유세 5,000만 원 낸다'
'종부세 인상 코앞… 3주택자 올해만 1,300만 원 더 낸다'

2020년의 시작과 함께 종합부동산세 강화 뉴스가 헤드라인을 장식하고 있었다. 기사 제목만 보면 당장 큰일 날 것만 같았다. 연말에 종합부동산세만 수천만 원을 내야 한다고 겁을 줬기 때문이다. 나도 강남 3주택자이다. 당장 나에게도 적용되는 내용이었다.

이미 은퇴를 해서 현금흐름이 없기 때문에 종합부동산세 수천만 원이 나온다면 큰일이었다. 역시 발 빠른 사람들은 이미 움직이고 있었다. 종합부동산세 부담을 줄이기 위해서 임대법인을 설립하는 것이 유행처럼 번지고 있었다. 개인이 아니라 임대 회사를 설립하는 것이기 때문에 세금 부분에서 유리한 면이 있다고 알려져 있었다.

임대법인을 설립하는 방법 가운데 내 상황과 맞는 것은 현물출자 방식이었다. 우선 세무사를 만나보기로 했다. 역삼동의 한 세무사 사무실로 찾아갔다. 대학 동문임을 강조하던 젊은 세무사와 상담을 했다.

"법인을 설립하시려는 특별한 이유가 있으세요?"

"올해 종합부동산세가 수천만 원이 나올 것 같은데요. 법인 설립하면 도움이 된다고 해서요."

"법인으로 하셔도 아파트는 종합부동산세가 나오기는 합니다. 그래도 명의가 분산되니 종합부동산세 절감 효과가 있습니다. 잘 아시겠지만 종합부동산세가 계속 오르는 추세이니 미리 준비하시면 좋죠."

"그리고 양도세 중과보다는 법인세가 더 낮다고 하던데요?"

"네, 2억 원 초과 200억 원까지는 법인세율 20%가 적용됩니다."

"그런데 저는 지금 전세를 주고 있는데요. 그럼 소득이 없는 것으로 되나요?"

"전세 보증금에 대해서는 간주임대료로 계산되는데요. 법인 운영에 따른 지출을 공제하기 때문에 과세표준은 더 낮아질 겁니다."

"그리고 제가 지금은 그냥 임대사업자라서 명함이 없는데요. 법인을 만들어서 대표이사 명함도 하나 만들고 싶어서요."

임대법인을 설립할 경우 양도세 중과보다는 소득세율이 더 낮기 때문에 아파트를 매도할 때 유리하다. 그리고 회사 운영에 따른 각종 비용을 공제받을 수 있기 때문에 법인세 과세표준을 낮출 수 있다고 했다. 법인 차량의 렌트비, 접대비, 대출 이자, 심지어 대표이사의 거주 주택 월세비용까지도 포함된다.

■ 법인세율

과세표준	세율	누진공제액
2억 원 이하	10%	–
2억 원 초과~200억 원 이하	20%	2,000만 원
200억 원 초과~3,000억 원 이하	22%	4억 2,000만 원
3,000억 원 초과	25%	94억 2,000만 원

강서구에 위치한 또 다른 법인설립 전문 세무사와도 상담을 했다.

"세무사님, 법인 설립에 비용이 얼마나 드나요?"

"신설 법인의 경우 취득세가 중과되는데요. 지방에 본점 주소를 두면 괜찮아요."

"그런데 본점 주소가 지방인데, 강남 아파트 임대를 한다는 게 이상하지 않나요?"

"많이들 그렇게 하기는 합니다. 기본적으로 취득세, 회계검사, 감정평가, 법원비용이 들어가는데요. 말씀하신 아파트 3채를 등록하려면 본점을 서울에 두실 경우 1억 8,000만 원에서 2억 원 정도 잡으셔야 합니다."

"감정평가 시세를 보수적으로 잡았는데도 그렇게 많이 나오나요?"

"아니면 아파트 1채만 법인에 매도하는 것도 방법이겠네요. 그럼 법인 설립비용이 적게 나오죠."

"그럼 현재 제가 받고 있는 재산세 감면 혜택은 사라지죠?"

"임대사업자는 2채부터 재산세 감면을 받으니 괜찮을 것 같아요."

"우선 공동명의 아파트를 법인에 넘길 생각인데요. 그럼 나머지 1채는 제 명의이고, 1채는 아내 단독 명의라서요."

"그럼 재산세 감면은 해당되지 않겠네요."

현재 연간 600만 원 정도의 재산세 감면 혜택을 받고 있는데, 아파트 1채만 법인에 넘기게 되면 이 재산세 혜택이 사라진다. 물론 모든 아파트를 법인으로 전환하면 재산세 감면 혜택은 현재와 같이 유지된다. 그렇지만 법인 설립비용으로 2억 원을 투자해야 한다. 점점 복잡해지고 어려워진다.

마지막으로 경영지원 전문 회사와 두 차례에 걸친 미팅을 했다. 법인 전환 컨설팅업체의 주요 논리는 두 가지였다. 첫 번째는 다주택사의 경우 양도세 중과가 적용되기 때문에 이보다 낮은 법인세로 양도세를 내는 것이 유리하다는 것이다. 두 번째는 법인 역시 또 하나의 개체

이기 때문에 종합부동산세를 절감할 수 있다는 것이다. 법인 앞으로 종합부동산세 과세표준 기본공제 6억 원이 공제되기 때문에 그만큼 종합부동산세 부담이 줄어드는 것이다.

"양도세는 60%가 넘는데 법인세는 20%이기 때문에 법인이 절대적으로 유리합니다."

"그럼 아파트 3채를 다 팔아서 법인에 넘겨야 하나요?"

"대략적으로 시뮬레이션을 해보면요. 현재 3채를 모두 매도하면 양도세가 9억 원 정도 나옵니다. 아파트 취득부터 법인에 매도할 때까지의 양도차익에 대한 양도세이죠. 투기지역 중과세가 적용되어서 많이 나왔네요."

"9억 원이요? 양도세 9억 원을 내야 한다고요?"

"그런데 이 양도세는 이월과세라고 해서 나중에 법인이 이 아파트들을 매도할 때 내면 됩니다. 지금 당장 내는 돈이 아니에요."

"나중에 내더라도 내기는 내야 하잖아요."

"그건 그렇지만 당장 납부하는 돈은 아니라서 법인 설립비용에 부담은 없게 되죠."

"그럼 법인 설립 후 나중에 아파트를 매도하면 그때 양도세를 또 내나요?

"그때는 법인세율 적용을 받게 되는데요. 연간 손익을 반영하기 때문에 낮아지는 효과가 있습니다. 그때 말씀하신 목표 매도가로 계산해

보면 법인세율 20% 적용해서 6억 원 정도 될 것 같습니다."

"그럼 총 15억 원을 내는 거네요? 아파트 3채 매도하면서 양도세와 법인세로 15억 원을 내야 하네요?"

재산세 말고도 양도세 문제가 더 있었다. 법인이 인수한 아파트들을 추후에 매도할 경우 양도차익이 발생할 것이다. 이때는 법인세율로 납부하게 된다. 법인세율 20%를 적용하면 6억 원 정도로 예상된다. 여기서 끝나면 좋겠지만, 잠시 잊고 있던 이월과세가 있다. 추가로 9억 원이 기다리고 있다. 결과적으로 총 15억 원의 양도세를 내야 하는 셈이다. 하지만 이때는 오히려 종합부동산세 부담이 크게 늘어나게 된다. 법인으로 모든 아파트가 전환되면 법인이 부담할 종합부동산세가 대략 계산해도 수천만 원이 된다. 재산세와 종합부동산세가 상충되는 복잡한 상황이 되어버린 것이다.

종합부동산세를 줄여보고자 시작했던 법인 설립 시도는 부담되는 초기 법인 설립비용, 재산세 문제, 양도세 문제라는 난관에 부딪혔다. 잘못 움직이면 종합부동산세보다 더 큰 지출이 발생할 수 있겠다는 판단을 내렸고, 임대법인 설립에 대한 계획을 포기했다. 상업용 건물을 소유해서 매달 수천만 원의 월세가 발생되는 시점에서 법인 설립에 내해 다시 알아보는 것으로 남겨두었다.

두 달이 지났다. 2020년 6월에 임대 법인에 대한 규제가 발표됐다. 이제는 종합부동산세 과세표준 기본공제 6억 원이 폐지되고, 법인이 보유한 주택이 3개일 경우 6%의 종합부동산세율이 적용된다. 또한 법인이 보유한 주택을 양도할 때 내는 추가 과세가 20%로 상향됐다. 예정대로 임대법인 설립을 진행했다면, 내년 종합부동산세로만 1억 6,000만 원을 납부해야 될 위기에 처했을 것이다. 종합부동산세는 물론 법인 설립에 들어간 비용과 이월과세 되어서 납부되기만을 기다리고 있는 양도세까지 생각하면, 인생은 한 치 앞도 내다볼 수 없다는 말을 실감하게 된다.

29

변화하는 투자 환경에
적응하기

잠실에 입성한 기념으로 구입한 새 차의 성능을 확인하기 위해 차를 몰고 부산까지 내려가 보기로 했다. 올림픽대로를 달려 경부고속도로에 진입하자마자 대형 버스들과 엉켜서 차가 막히기 시작했다.

'아, 날을 잘못 잡았나? 주말이라서 그런지 엄청 막히네.'
'막힐 줄 알았으면 그냥 집에 있을 걸 괜히 나왔네.'
'더 일찍 일어나서 새벽에 나올걸.'

혼잡 구간을 겨우 빠져나와서 조금 가다 보면 또 막히기 시작한다. 상습 정체 구간에 진입한 것이다.

'끝도 안 보이는 정체 구간에 실망해서 여행을 포기해야 할까?'

물론 아니다. 끝이 없을 것처럼 막히던 도로는 조금씩 풀리기 시작하더니 얼마 지나지 않아 언제 그랬냐는 듯이 뻥뻥 뚫렸다. 시원한 바람을 가르며 드라이빙을 즐기다 보면 결국 목적지가 눈앞에 보였다. 눈앞의 상황에 당황해서 내비게이션 말도 안 듣고 이리저리 국도로 빠져나와 봤자 오히려 더 막히기만 할 뿐이다. 긴 여정 중에 이런 정체 구간은 잠시에 불과하다. 언제든 나타날 수 있으며, 충분히 예상할 수 있는 자연스러운 현상이다. 이걸 대수롭지 않게 여기고 견디지 못하면 목적지에는 결코 도착할 수 없다.

부동산도 마찬가지다. 차가 막혀서 안타까운 심정에서 몇 단어만 바꾸면 다음과 같다.

'아, 매수시기를 잘못 잡았나? 이번 규제 때문에 떨어질 거 같은데.'
'규제 나올 줄 알았으면 그냥 전세로 사는 건데.'
'더 일찍 샀어야 했는데 속상하네.'

각종 부동산 규제가 나왔다고 해서 투자가 영원히 끝나버리는 것은 아니다. 시장 상황에 따라서 부동산 규제는 강화되기도 하고 완화되기도 한다. 이런 규제는 언제든 나올 수 있고, 그럴 것이라고 충분히 예상할 수 있는 자연스러운 현상이다. 이걸 견디지 못하면 우리가 원하는 목표에는 도달할 수 없다.

지난 20여 년의 부동산 규제 변화 모습을 살펴보면 변화하는 투자 환경의 역동성을 확인할 수 있다.

1998년부터는 IMF 경제위기를 극복하기 위해 규제 완화에 초점을 두었다. 민간택지 분양가 자율화, 전매제한 폐지, 청약자격제한 완화, 재당첨제한 폐지, 취·등록세와 양도소득세 완화 등이 시행되었다. 하지만 2001년 이후 부동산 열풍이 시작되자 부동산 규제가 강화되었다. 양도세 비과세 조건을 3년 보유 및 1년 거주로 강화, 투기과열지구 분양권 전매 강화, 재건축 안전진단 강화 등이다.

2003년 이후에도 규제 강화는 계속되었다. 1가구 3주택 이상 양도세 60%, 1가구 2주택 양도세 50%, 1가구 1주택 비과세 요건 강화, 종합부동산세 도입, 분양권 전매제한, 분양가 상한제 확대, 주택담보대출 강화, 실거래가격 신고 의무화 등이 시행되었다. 또한 재건축 안전진단 강화, 재건축 조합원 지분 전매제한, 재건축 소형 평형 60% 의무화 등의 규제도 시행되었다.

하지만 2008년부터는 규제가 완화되었다. 장기보유 1주택자 특별공제 80% 확대, 양도세율 6~33%로 인하, 1주택자 양도세 비과세 2년 거주 요건 폐지, 보유기간 축소, 다주택자 양도세 기본세율 과세 및 장기보유 특별공제 적용, 양도세 비과세 기준 9억 원으로 상향, 종합부동산세 과세기준 9억 원으로 상향 및 세율 인하, 리모델링 연한 15년으로 단축 및 증축 규모 확대, 임대사업자 양도세 중과 완화, 임대사업자 거주 주택에 대한 양도세 비과세 등이다. 또한 재건축 안전 진단 기준 완화, 재건축 소형 평형 의무 비율 85㎡ 이하 60% 이상으로 완화, 재건축 용적률 법적 상한 300%까지 허용, 조합원 지위 양도 허용, 민간 택지 분양권 전매제한 완화 및 상한제 폐지 등도 시행됐다.

계속해서 2013년부터 2017년까지도 완화된 부동산 정책이 이어졌다. 기존 주택 양도세 5년간 면제, 리모델링 수직 증축 허용, 취득세율 영구 인하, LTV 및 DTI(Debt To Income, 총부채상환비율: 연간 총소득에서 연간 부채 상환액이 차지하는 비율) 70% 일괄 적용, 재건축 연한 30년으로 축소, 수도권 청약 1~2순위 통합 및 1년으로 기간 단축 등이 시행됐다.

약 10년간 계속된 규제 완화 정책으로 인해서 부동산 과열 양상이 나타나자 2017년부터는 부동산 규제가 시작되었다. 세부담 상한율 인상, 공시가격 인상, 주택담보대출 축소, 초고가 아파트 주택담보대출 금지, 보유기간과 거주기간에 따른 장기보유특별공제율 적용, 재건축 조합원 2년 이상 거주 요건 추가, 토지거래허가구역 지정, 종합부동산세율 최고 6%로 인상, 단기 보유 주택 양도세율 인상, 다주택자 양도소득세율을 기본세율+20%p, 30%p로 인상, 다주택자와 법인 취득세 최고 12%, 단기임대 및 아파트 장기일반 매입임대 폐지 및 임대의무기간 경과 즉시 자동 등록 말소, 법인 보유 주택의 종합부동산세 과세표준 기본공제 폐지 등이 시행됐다.

윈스턴 처칠은 이렇게 말했다.

"A pessimist sees the difficulty in every opportunity; an optimist sees the opportunity in every difficulty(비관론자는 모든 기회에서 어려움을 찾아내고, 낙관론자는 모든 어려움에서 기회를 찾아낸다)."

낙담이 큰 나머지 눈앞의 기회에서도 어려움만 찾게 될 수 있지만, 긍정적인 마음을 가진다면 모든 어려움 가운데서도 기회를 발견할 수 있다. 앞이 보이지 않을 것 같이 꽉 막힌 투자환경 가운데서도 나만의 기회를 만들기 위해 도전해야 한다. 부동산 투자라는 긴 여정 중에 이런 정체 구간은 잠시에 불과하기 때문이다.

■ 1998~2020년, 주요 부동산 정책 변화

시기	주요 부동산 정책	규제 방향
1998~2003년	분양가 자율화, 전매제한 폐지, 청약자격제한 완화, 재당첨제한 폐지, 취·등록세 및 양도소득세 완화	완화
	양도세 비과세 조건 강화, 투기과열지구 분양권 전매 강화, 재건축 안전진단 강화	강화
2003~2008년	3주택 이상 양도세 60%, 2주택 양도세 50%, 1가구 1주택 비과세 요건 강화, 종합부동산세 도입, 분양권 전매제한, 분양가 상한제 확대, 주택담보대출 강화, 재건축 안전진단 강화, 재건축 조합원 지분 전매제한, 재건축 소형평형 60% 의무화	강화
2008~2013년	장기보유 1주택자 특별 공제 80% 확대, 양도세율 인하, 양도세 비과세 2년 거주 요건 폐지, 보유기간 축소, 다주택자 양도세 기본세율 과세 및 장기보유 특별공제 적용, 양도세 비과세 9억 원으로 상향, 종합부동산세 과세기준 9억 원으로 상향 및 세율 인하, 리모델링 연한 단축 및 증축 연면적 확대, 임대사업자 양도세 중과 완화, 임대사업자 거주 주택 양도세 비과세, 재건축 안전 진단 기준 완화, 재건축 소형 평형 의무 비율 85㎡ 이하 60% 이상으로 완화, 재건축 용적률 법적 상한 300%까지 허용, 조합원 지위 양도 허용, 민간 택지 분양권 전매제한 완화 및 상한제 폐지	완화
2013~2017년	기존 주택 양도세 5년간 면제, 리모델링 수직 증축 허용, 취득세율 인하, LTV 및 DTI 70% 적용, 재건축 연한 축소, 청약 1순위 기간 단축	완화
2017~2020년	세부담 상한율 인상, 공시가격 인상, 주택담보대출 축소, 초고가 아파트 주택담보대출 금지, 장기보유특별공제율에 거주기간 적용, 재건축 조합원 2년 이상 거주 조건 추가, 토지거래허가구역 지정, 종합부동산세율 인상, 단기 보유 주택 양도세율 인상, 다주택자 양도소득세율 인상, 다주택자와 법인 취득세 인상, 단기임대 및 아파트 장기 일반 매입임대 폐지 및 임대의무기간 경과 즉시 자동 등록 말소, 법인 보유 주택의 종합부동산세 과세표준 기본 공제 폐지	강화

강남 아파트가 아니라,
시간을 사는 것이다

배터리를 사용하지 않는 오토매틱 시계의 매력은 시간의 흐름을 눈으로 볼 수 있다는 것이다. 이 시계는 초침이 끊어지지 않고 물 흐르듯 계속 흘러간다. 작은 톱니바퀴들이 쉬지 않고 돌아가는 소리를 듣고 있으면 마음이 편안해지기까지 한다. 한참을 바라보고 있으면 문득 이런 생각이 든다.

'시간은 단 1초도 멈추지 않고 흘러가는구나.'

시간만큼 빠른 건 없다. 끊임없이 흐른다는 점을 고려하면 세상에서 그 어떤 것보다 시간은 더 빠르다고 할 수 있다. 안타깝게도 그동안은 시간의 제약을 받는 투자를 했다. 시간당 책정된 급여를 받기 위해서 제한된 시간 동안만 한정된 노동력을 제공하고 있었기 때문이다. 시간에 뒤처지는 투자를 하고 있었던 것이다.

'한순간도 멈추지 않는 시간을 이기는 투자 방법은 없을까?'

내가 찾은 방법은 시간 위에 올라타는 것이다. 쉬지 않고 흐르는 시간 위에 올라타는 투자는 그 어떤 것보다 빠를 것이기 때문이다. 시간 위에 올라타는 여러 방법 가운데 나는 부동산 투자를 선택했다. 그리고 다음과 같은 이유로 강남 아파트를 선택했다.

첫 번째는 막대한 양의 유동성 때문이다. 앞서 언급한 바와 같이 현재 3,000조 원의 유동자금이 시중에서 투자처를 찾아 방황하고 있다. 3,000조 원이라는 돈의 규모는 어느 정도일까? 한 민간업체(집비서 참고)의 조사에 따르면, 2020년 7월 기준 전국 모든 아파트의 시가총액은 3,865조 3,700억 원이다. 서울특별시 전체 아파트의 시가총액은 1,417조 228억 원이고, 경기도 아파트의 시가총액은 1,125조 6,848억 원이다. 시중의 유동자금 3,000조 원은 서울과 경기도의 모든 아파트를 사들이고도 450조 원이 남을 정도의 큰돈이다. 이런 거대한 투자 대기 자금은 언제라도 부동산 시장에 유입될 수 있다. 그 결과 실물자산의 가치는 큰 폭으로 밀려 올라갈 것이다.

유동자금 3,000조 원 〉 서울 아파트 시가총액+경기도 아파트 시가총액

두 번째는 서울에 새 아파트 공급이 부족하기 때문이다. 그린벨트 지역을 제외하면 서울에 새 아파트를 대규모로 지을 땅은 거의 없다. 그럼 재개발과 재건축을 통한 신규 아파트 일반분양은 얼마나 발생될까? 2016년 6월부터 2020년 5월까지 4년간 서울에 발생한 일반분양 세대수는 도시형 생활주택을 포함해서 총 5만 3,629호이다. 마지막 1년은 8,452호에 불과했다. 이는 같은 기간 전국에 분양된 76만 7,296호의 6.9%에 불과하고, 전북·전남의 5만 1,739호보다 조금 더 많은 수치이다. 서울에 매년 약 5만 호의 새 집이 필요할 것으로 예측되는데, 이 가운데 신규 아파트 공급이 8,000호 수준이라는 것은 아파트 매수 대기 수요를 고려했을 때 얼마나 부족한지 짐작할 수 있다.

■ 2016년 6월~2020년 5월, 서울 신규 분양 세대수

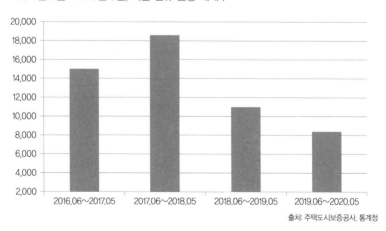

출처: 주택도시보증공사, 통계청

재개발·재건축을 통해 서울의 신규 일반분양을 크게 기대할 수 없는 상태에서는 다음 둘 중 하나를 예상할 수 있다. 먼저 재건축 규제가

완화되어서 더 많은 신규 공급 물량이 유도되는 것이다. 그런데 신축 아파트는 주변 아파트의 시세를 끌어올린다는 것은 이미 살펴봤다. 또 하나는 극심한 공급 부족 상태가 더욱 악화되는 것이다. 이로 인해 어떤 결과가 따르게 될지는 충분히 예측할 수 있다.

세 번째는 강남 대형 개발 계획의 실현 때문이다. 총사업비 1조 원이 투입되는 영동대로 광역복합환승센터 개발부터 국제교류복합지구, GBC, 수서역세권 개발, 서울-세종 고속도로 건설 등 강남구, 서초구, 송파구에서 진행 중인 대형 개발 계획들이 순차적으로 실현됨에 따라 주변 부동산에 지속적으로 영향을 미치게 될 것이다. 입지가 더욱 좋아지고, 일부 단점들이 완전히 사라지며, 거주 만족도가 높아지고, 누구나 원하는 지역으로 변신함에 따라서 강남 부동산의 가치는 계속 진화해나갈 것이다.

■ 강남 3구에 진행 · 예정 중인 개발 계획

강남구	서초구	송파구
영동대로 광역복합환승센터 글로벌비즈니스센터(GBC) 수서역세권 개발 개포택지지구 성남-강남 민자고속도로	양재 R&CD 혁신허브 경부고속도로 지하화 롯데칠성 부지 개발 정보사 부지 개발 코오롱스포렉스부지 개발 방배동 지구단위 개발 서초대로 지구단위 개발	국제교류복합지구 (잠실 MICE) 서울-세종 고속도로 건설 중앙전파관리소부지 개발 잠실 아시아공원 개발 성동구치소 개발

네 번째는 인플레이션 때문이다. 통화량의 증가로 인해 화폐가치가 하락하고, 실물자산의 가치가 올라가기 때문이다. 한 부동산 정보업체(부동산114)의 조사에 따르면 2020년 7월 말 서울 아파트의 가구당 평균 매매가격은 역대 최고가인 10억 500만 원을 넘은 것으로 나타났다. 2013년 5억 원대 초반에서 7년 만에 2배로 상승했다. 2013년 1월 통화량이 1,844조 원이었고, 2020년 4월까지 1,167조 원이 더 증가했다. 통화량의 증가는 63.3%이지만 평균 매매가격의 변화는 100%에 이른다.

어떤 월급쟁이 직장인도 이렇게 생각하지는 않을 것이다.

'내가 올해는 월급을 너무 많이 받았으니까, 내년에는 연봉 20% 삭감을 요청해야겠어.'

물가 상승으로 인해서 앞으로의 월급은 당연히 오를 것이라고 생각한다면, 역시 물가 상승의 영향을 받는 아파트 가격이 떨어질 것이라고 기대할 수는 없다. 시중에 떠도는 3,000조 원의 유동자금은 화폐가치 하락을 더욱 가속화시킬 것이며, 실물자산인 부동산의 가치를 더욱 빠르게 높일 것이다.

지금까지 밝힌 투자 스토리를 통해 어떤 결론에 이르게 되었는가? 간접 경험을 통해 부동산 투자에 대한 용기를 얻었을 것이라고 생각한다. 몇 가지 투자 전략을 실행해봐야겠다는 결심을 했을 것이다. 그리고 은퇴와 노후준비에 대해 잠시 생각해보는 시간을 갖게 되었을 것이다. 혹은 강남 아파트에 대한 관심이 증가했을 수도 있다.

하지만 더욱 중요한 것이 있다.

우리가 투자를 통해 사야 하는 것은 강남 아파트가 아니다. 바로 시간을 사야 한다는 것이다.

가장 빛나는 젊은 시절의 시간을 사기 위해 투자해야 한다. 되돌릴 수 없는 그 시간을 위해 투자해야 한다. 강남 아파트는 이런 소중한 시간을 사기 위한 도구일 뿐임을 잊지 말아야 한다.

시간에 올라타는
투자를 하세요

예전과 비교하면 가구당 소득은 크게 늘었습니다. 하지만 동시에 부채도 늘고 노동시간도 늘었습니다. 쉬지 않고 열심히 일만 하는데, 점점 살기는 힘들어집니다. 이유는 명확합니다. 이길 수 없는 불리한 게임을 하고 있기 때문입니다. 열심히 일만 할뿐 돈을 벌 시간이 없기 때문입니다.

안타깝지만 이러한 결과는 스스로의 선택에 의해 결정됩니다. 자본주의의 원리를 모르고 자본주의의 사회를 살고 있기 때문입니다. 투자는 자본주의 사회에서 필수입니다. 본업을 유지하는 가운데 인플레이션에 대비할 수 있는 현명한 방법입니다.

투자는 화려하고 복잡하지 않습니다. 지루하고 단조롭습니다. 시간이 더해져야 하기 때문입니다. 거인의 어깨 위에서 지혜를 얻었다면, 이제는 시간에 올라타는 투자를 해야 합니다. 시간을 내 편으로 만들어야 비로소 진정한 자유를 누릴 수 있습니다.

우리 모두에게는 한정된 시간이 주어집니다. 이 책을 통해서 가장 아름다운 인생의 목표를 위해 지금 무엇을 해야 할지 생각해보는 계기가 되었기를 바랍니다.

부족한 저에게 멋진 기회를 주신 ㈜도서출판 길벗 이종원 대표님께 감사의 말씀을 드립니다. 예리한 안목이 빛나는 박윤경 팀장님, 뛰어난 기획력으로 이 책을 이끌어주신 이지현 과장님께도 깊은 감사의 인사를 전하고 싶습니다.

MEMO

MEMO